Escorpio

Silvia Heredia de Velázquez

Escorpio

A pesar de haber puesto el máximo cuidado en la redacción de esta obra, el autor o el editor no pueden en modo alguno responsabilizarse por las informaciones (fórmulas, recetas, técnicas, etc.) vertidas en el texto. Se aconseja, en el caso de problemas específicos —a menudo únicos— de cada lector en particular, que se consulte con una persona cualificada para obtener las informaciones más completas, más exactas y lo más actualizadas posible. EDITORIAL DE VECCHI, S. A. U.

El editor agradece a Rudy Stauder, director de Astra, su valiosa colaboración.

Traducción de Maria Àngels Pujol i Foyo.

Diseño gráfico de la cubierta: © YES.

Fotografías de la cubierta: © Andrew Parrish/Getty Images.

© Editorial De Vecchi, S. A. 2019
© [2019] Confidential Concepts International Ltd., Ireland
Subsidiary company of Confidential Concepts Inc, USA
ISBN: 978-1-64461-397-9

El Código Penal vigente dispone: «Será castigado con la pena de prisión de seis meses a dos años o de multa de seis a veinticuatro meses quien, con ánimo de lucro y en perjuicio de tercero, reproduzca, plagie, distribuya o comunique públicamente, en todo o en parte, una obra literaria, artística o científica, o su transformación, interpretación o ejecución artística fijada en cualquier tipo de soporte o comunicada a través de cualquier medio, sin la autorización de los titulares de los correspondientes derechos de propiedad intelectual o de sus cesionarios. La misma pena se impondrá a quien intencionadamente importe, exporte o almacene ejemplares de dichas obras o producciones o ejecuciones sin la referida autorización». (Artículo 270)

Índice

Introducción 11

PRIMERA PARTE: CUESTIONES GENERALES

Mitología y simbolismo 15

¿Está seguro de pertenecer al signo Escorpio? 19

Psicología y características del signo 23
   La personalidad 23
   El niño Escorpio 26
   La mujer Escorpio 27
   El hombre Escorpio 28
   La amistad 29
   Evolución 30
   La casa 32
   Las aficiones y los viajes 33
   Regalos, colores y perfumes 34

Estudios y profesión 35
   Estudios ideales 35
   Salidas profesionales 36
   Dinero 38

El amor 39
   La mujer Escorpio 39
   El hombre Escorpio 40

Relaciones con los demás signos: las parejas . . . 42
    Escorpio - Aries. 42
    Escorpio - Tauro 43
    Escorpio - Géminis. 43
    Escorpio - Cáncer. 44
    Escorpio - Leo. 44
    Escorpio - Virgo. 45
    Escorpio - Libra. 45
    Escorpio - Escorpio 46
    Escorpio - Sagitario 46
    Escorpio - Capricornio 47
    Escorpio - Acuario 47
    Escorpio - Piscis 48
Cómo conquistar a Escorpio 49
    A una mujer Escorpio 49
    A un hombre Escorpio 49
Cómo romper con Escorpio. 50
    Con una mujer Escorpio 50
    Con un hombre Escorpio. 50

La salud 51

Ficha del signo. 53

Personajes famosos que pertenecen a este signo . . . 55

Segunda parte: EL ASCENDENTE

Cómo calcular el ascendente. 59
    Cálculo del ascendente. 60

Si usted es Escorpio con ascendente.... 73
    Escorpio con ascendente Aries. 73
    Escorpio con ascendente Tauro 73
    Escorpio con ascendente Géminis. 74
    Escorpio con ascendente Cáncer 75

Escorpio con ascendente Leo............	75
Escorpio con ascendente Virgo............	76
Escorpio con ascendente Libra	76
Escorpio con ascendente Escorpio	77
Escorpio con ascendente Sagitario	78
Escorpio con ascendente Capricornio	78
Escorpio con ascendente Acuario...........	79
Escorpio con ascendente Piscis	80

Tercera parte: PREVISIONES PARA 2019

Previsiones para Escorpio en 2019	83
Vida amorosa	83
Enero..........................	83
Febrero	83
Marzo	84
Abril	84
Mayo...........................	84
Junio...........................	85
Julio	85
Agosto..........................	85
Septiembre......................	86
Octubre	86
Noviembre	87
Diciembre	87
Para la mujer Escorpio	87
Para el hombre Escorpio	88
Salud	88
Primer trimestre...................	88
Segundo trimestre	89
Tercer trimestre...................	90
Cuarto trimestre...................	90
Economía y vida laboral	91
Primer trimestre...................	91

Segundo trimestre 92
Tercer trimestre 92
Cuarto trimestre..................... 93
Vida familiar 94
Primer trimestre..................... 94
Segundo trimestre 95
Tercer trimestre 95
Cuarto trimestre..................... 96

Introducción

El autor siempre cuenta un poco sobre sí mismo en los libros que escribe, aunque la obra no sea autobiográfica. Igual que sucede en las relaciones interpersonales y en las amorosas, el mecanismo psíquico de la proyección hace que las imágenes ideales interiores se adhieran a los personajes creados y explicados. Al proyectar fantasías secretas, aspiraciones y ansias, los fantasmas se conjuran y se vuelven inofensivos. Durante el camino se produce la catarsis; nos podemos encontrar, al final, con un bagaje aligerado de nuestros aspectos negativos y, a veces, con un poco más de consciencia de nosotros mismos. Todo esto podría sucederme durante la redacción de este libro.

Elegí escribir sobre este signo porque al Agua de Escorpio pertenecen mis características temperamentales.

Inevitablemente, aunque me base en la tradición astrológica que tan bien conozco, acabaré por extrapolar, a partir de la tipología clásica, unos personajes Escorpio algo particulares y más propios de mí. Por esta razón podrán sentirlos más cercanos a ustedes, porque estarán, con el bagaje temperamental más típico, dentro los distintos contextos, familiar, laboral y de relación en general.

Algunas páginas nos pertenecerán más y otras menos, puesto que, es importante decirlo, no se es nunca un solo signo. Sólo un único tema natal completo ya está compuesto de muchos elementos que se integran para hablarnos de nosotros; sin embargo, creo que la lectura de este libro podrá ser una oportunidad válida para empezar a conocerse. También tendrá la posibilidad de establecer las posiciones del ascendente, de la Luna, de Júpiter y de Saturno con las interpretaciones relativas combinadas con el signo solar, precisamente Escorpio.

Demostrar, a quien todavía no lo sabe, que la astrología es un medio válido de análisis psicológico, pero no sólo eso, es uno de los objetivos que quiero alcanzar (otro podría ser el de poder entretenerles con claridad y no aburrirles...).

Cuando acabe de consultar el libro, me gustaría que quedara vivo en usted el deseo de saber más sobre la astrología. Interpretar los símbolos antiguos, siempre actuales dentro de nosotros, podría proporcionarle la forma de conocer mejor su potencial y ponerlo en contacto con su realidad más subjetiva, al permitirle relacionarla con la realidad cotidiana con equilibrio y lucidez. Así, iniciaría un viaje mágico que dura toda la vida y que no tiene una meta precisa, pero que ofrece muchas posibilidades.

Si cree, como yo, que el principal objetivo de la existencia consiste en la educación de nuestra naturaleza y en evolucionar desarrollándonos en armonía con la mejor parte de ella, podría utilizar los conocimientos astrológicos para alcanzar una mayor claridad interior, con las ventajas inmediatas que esto comporta: manejarse mejor uno mismo y conseguir una mayor empatía con el prójimo.

Los Escorpio no son insensibles a estos argumentos. No se detienen en las apariencias; descifrar el saber... e ir más allá es tan natural como respirar, es sentirse vivos. El agua de su signo es fértil, misteriosa y mágica.

A los Escorpio está dedicado este libro, con una profunda participación del espíritu.

SILVIA HEREDIA DE VELÁZQUEZ

Primera parte

CUESTIONES GENERALES

Mitología y simbolismo

Mito
*Cuando en la última playa no encuentre
mar sólo me quedará esperar estar
preparada para el mágico vuelo.*

F. G.

Escorpio es el octavo signo del Zodiaco; al estar estrechamente unido el significado de todos los signos, es necesario volver a Aries, al principio.

La energía se manifiesta y es fuego en estado puro. Es primavera y todo es alabanza hacia la fuerza que procrea, hacia la vida. En Tauro tenemos la expansión de la materia, el calor del Sol de mayo es ideal porque acoge y tranquiliza, y la Tierra se muestra maternal y protectora.

En el elemento de Aire de Géminis, la energía se eleva, se diferencia y crea los opuestos. En el Agua de Cáncer se expresa el concepto simbólico de la gestación y el parto, del útero que se recoge para luego dar a luz.

Leo es el quinto elemento: en la plenitud del verano simboliza la afirmación de la consciencia, del yo, la energía de fuego que organiza y dirige, y que en Virgo, que le sigue, asume una función selectiva, se desnuda de la fuerza primaria natural y busca salidas intelectuales.

El otoño empieza en Libra y el equinoccio equipara las energías nocturnas y las diurnas; se trata del signo del equilibrio que nos deja y anuncia Escorpio. Del 23-24 de octubre al 22 de noviembre aproximadamente, el Sol entra en el signo y se inicia, en perfecta analogía, una serie de acontecimientos materiales y psíquicos que nos devuelven a los conceptos básicos de involución, disolución, transformación y renacimiento. Las formas materiales buscan resguardarse, la manifestación ya no es de esta época, sólo las tinieblas y la oscuridad congenian. Y el escorpión, animal antiguo, de aspecto inmutable, ¿no vive en los recovecos, escondido? Cuando la opción es mantenerse oculto, se produce la debilitación del afirmativo, del Yo, la consciencia individual se expande para abrazar el inconsciente y lucha para no verse sometida. Si se produce la transformación, el premio es el renacimiento a un nivel más elevado de la consciencia. Se trata de Escorpio, que se transforma en águila; la oruga que madura en la oscuridad del capullo para adquirir otro aspecto y otra potencia: del inherente arrastrarse a la ligereza del vuelo.

El simbolismo está claro: se trata de la trascendencia del propio ser, esclavo de los instintos, para alcanzar, a través de la sublimación, la satisfacción de las pulsiones.

Otras representaciones antiguas del signo son el Ave Fénix, el pájaro sagrado de los egipcios. Cuentan que era similar a una gran águila con plumas variopintas, originaria de Etiopía, donde vivía durante quinientos o más años. Cuando sentía que llegaba al final de su existencia, este fabuloso pájaro se construía un nido de plantas aromáticas, se tumbaba encima como si estuviera en una hoguera y moría quemado. Renacía de las cenizas y volaba hacia Egipto, al templo del Sol de Heliópolis, donde se le rendía culto. Luego volvía a Etiopía para vivir una nueva y larga vida. Se cuenta que se alimentaba de perlas de incienso, cuyo poder purificador es famoso así como el uso que le dio la Iglesia antigua, en la liturgia funeraria, en señal de respeto hacia los difuntos. De nuevo aparece el tema del renacimiento después de la disolución material en el octavo signo astrológico. De la misma forma que queda clara la atribución de la muerte transformadora (la XIII carta del Tarot está vinculada a Escorpio) también lo hace la analogía con las pulsiones creativas más fuertes, puesto que el agua es vida y Escorpio es un signo de Agua. Sin embargo, no pertenece al agua de los mares en perenne movimiento, asociada a Piscis, ni a la de los manantiales de Cáncer; la tradición nos envía hacia el agua estancada y pútrida, y más que nunca fértil y vital bajo la aparente inmovilidad. Incluso el líquido seminal está asociado a Escorpio: la vida en estado potencial, la potencia de generar.

Después de descubrir el planeta Plutón el 23 de enero de 1930, quedó clara su atribución a este signo. A Hades (el invisible) le tocó el gobierno del Averno, el reino de los muertos, cuando se decidió la división del Universo con Zeus y Poseidón. Hades-Plutón se sentía solo en el reino de los muertos, por lo que raptó a Perséfone y la convirtió en su compañera. Deméter, madre de Perséfone, la buscó durante nueve días y nueve noches, hasta que Helios le indicó quién era su raptor. Enloquecida por el dolor, Deméter abdicó de sus funciones de fertilidad y fecundidad; la Tierra se volvió de esta manera estéril y el ciclo estacional se trastornó. Finalmente, se llegó a un pacto por el que Perséfone pasaría la mitad del año, de la primavera al otoño, al lado de su madre en el mundo de los vivos, y la otra mitad con su esposo en el reino de las tinieblas. Aquí se refleja la dialéctica universal; de esta forma están representados el simbolismo estacional, la alternancia entre el día y la noche, la vida y la muerte.

El Plutón («el rico») de los griegos nos acerca al concepto de riqueza-fertilidad del Agua-Escorpio; también su unión con Perséfone, protectora con su madre Deméter de la siembra y de la recolección, nos lleva hasta los significados de abundancia y fecundidad.

También en el mito de Orión están presentes claras analogías con la temática de los instintos violentos de Escorpio. Dos episodios son pertinentes: uno narra que Orión, embriagado por el vino, poseyó a Mérope, hija de Enopión. El padre de la joven lo dejó ciego como castigo, aunque pudo recuperar la vista en Lemno, gracias a Cedalión que lo guió hacia el Sol (la luz interior). Orión llegó hasta la isla de Creta en busca de Enopión para vengarse (ningún Escorpio renuncia a la venganza), donde encontró a Artemisa, diosa de la caza. También esta vez sucumbió a sus instintos e intentó profanar a la diosa: de la hendidura de la Madre Tierra apareció un escorpión que, con su dardo venenoso, causó la muerte al bello cazador Orión.

La constelación en el cielo le recuerda a él y al animal que lo mató. Orión-Escorpio se autodestruye, como su propia parte más instintiva...

El glifo de Escorpio recuerda la idea del dardo venenoso del animal:); el último palo, de hecho, está doblado hacia el exterior y preparado para atacar. Desde siempre se ha temido a este animal: su aspecto es espeluznante, ataca de improviso y muy a menudo su veneno puede ser mortal.

También la serpiente está asociada al signo, puesto que se deshace de su piel para adquirir una nueva. Del águila ya hemos hablado, y es clara la analogía con el tipo de Escorpio que se ha adelantado, el que ha trascendido su naturaleza instintiva. El Ave Fénix renace de sus cenizas, así como lo hace el individuo después de haber tocado el fondo de su ser. Los símbolos y los mitos de los que hemos hablado nos han conducido a indagar en los temas relacionados con Escorpio; también nos han indicado los recorridos que debe atravesar la tipología de Escorpio para alcanzar significados de vida más elevados.

¿Está seguro de pertenecer al signo Escorpio?

Si ha nacido el 23 o el 24 de octubre puede verificarlo en la siguiente tabla que muestra el momento de la entrada del Sol en el signo de Escorpio del 1904 al 2010. Los datos se refieren a las horas 0 de Greenwich. Para los nacidos en España, es necesario añadir una o dos horas al horario indicado (véase tabla de la página 63).

día	hora	min
23.10.1904	20	19
24.10.1905	2	8
24.10.1906	7	55
24.10.1907	13	52
23.10.1908	19	37
24.10.1909	1	23
24.10.1910	7	11
24.10.1911	12	58
23.10.1912	18	50
24.10.1913	0	35
24.10.1914	6	18
24.10.1915	12	10
23.10.1916	17	58
23.10.1917	23	44
24.10.1918	5	33
24.10.1919	11	22

día	hora	min
23.10.1920	17	13
23.10.1921	23	3
24.10.1922	4	53
24.10.1923	10	51
24.10.1924	15	59
23.10.1925	22	32
24.10.1926	4	19
24.10.1927	10	7
23.10.1928	15	55
23.10.1929	21	42
24.10.1930	3	26
24.10.1931	9	16
23.10.1932	15	4
23.10.1933	20	49
24.10.1934	2	37
24.10.1935	8	30
23.10.1936	14	18
23.10.1937	20	7
24.10.1938	1	54
24.10.1939	7	46
23.10.1940	13	40
23.10.1941	19	28
24.10.1942	1	16
24.10.1943	7	9
23.10.1944	12	56
23.10.1945	18	44
24.10.1946	0	35
24.10.1947	6	26
23.10.1948	12	18
23.10.1949	18	3
23.10.1950	23	45
24.10.1951	5	37

día	hora	min
23.10.1952	11	23
23.10.1953	17	7
23.10.1954	22	57
24.10.1955	4	44
23.10.1956	10	35
23.10.1957	16	25
23.10.1958	22	12
24.10.1959	4	12
23.10.1960	10	2
23.10.1961	15	48
23.10.1962	21	41
24.10.1963	3	29
23.10.1964	9	21
23.10.1965	15	11
23.10.1966	20	51
24.10.1967	2	44
23.10.1968	8	30
23.10.1969	14	12
23.10.1970	20	5
24.10.1971	1	54
23.10.1972	7	42
23.10.1973	13	31
23.10.1974	19	11
24.10.1975	1	7
23.10.1976	6	59
23.10.1977	12	41
23.10.1978	18	38
24.10.1979	0	29
23.10.1980	6	18
23.10.1981	12	14
23.10.1982	17	59
23.10.1983	23	55

día	hora	min
23.10.1984	5	47
23.10.1985	11	23
23.10.1986	17	15
23.10.1987	23	2
23.10.1988	4	45
23.10.1989	10	36
23.10.1990	16	15
23.10.1991	22	6
23.10.1992	3	58
23.10.1993	9	38
23.10.1994	15	37
23.10.1995	21	33
23.10.1996	3	20
23.10.1997	9	16
23.10.1998	15	0
23.10.1999	20	53
23.10.2000	2	49
23.10.2001	8	27
23.10.2002	14	18
23.10.2003	20	10
23.10.2004	1	50
23.10.2005	7	43
23.10.2006	13	28
23.10.2007	20	16
23.10.2008	3	10
23.10.2009	6	45
23.10.2010	12	26

Psicología y características del signo

> *Sólo hay que saborear lo amargo de la injusticia para refinar el paladar con el gusto de la venganza.*
>
> F. G.

La personalidad

La personalidad es el conjunto de las cualidades temperamentales y caracterológicas. En la astrología se nos revela la tendencia del temperamento. El carácter es el resultante de las disposiciones innatas y el efecto que ejerce sobre ellas el entorno.

Creo que se puede asociar al Sol en el signo zodiacal de pertenencia el concepto de Yo y la relativa función intermediaria de manejar las pulsiones instintivas del inconsciente y adaptarlas a las censuras del ambiente social del superyó. Ser Escorpio significa tener unas pulsiones interiores muy fuertes y un considerable instinto sexual y agresivo que presiona para alcanzar sus objetivos. Igualmente fuerte tiene que ser el yo, y sus mecanismos de defensa también deben ser eficaces. Por ello, en su conjunto, la personalidad de Escorpio es compleja, rica y atormentada. Siempre en equilibrio entre los impulsos de vida y los de muerte, que luchan por la supremacía: Eros y Thanatos son compañeros inseparables, elementos estimulantes de mucha creatividad y agitadores de cualquier posible paz. A través de la exteriorización de su potencial erótico se realiza y se pone en contacto con la parte más profunda, con su verdadero ser. Al buscar el placer y el dolor amoroso, Escorpio intenta revelarse a sí mismo. Acepta cada desafío y el miedo es un estímulo, una invitación a ponerse a prueba.

No se expone a la luz del sol, y como el animal que lo representa, prefiere moverse en la oscuridad y el silencio, organizarse y atacar de improviso, o mantenerse alejado y esperar los momentos en que la victoria es segura. Es difícil llevarlo a cielo abierto, a luchar en territorios que no son agradables para él. Imagínese su lucha con otro Escorpio: se trata del combate más sutil y feroz. Maestros en la astucia, estos tipos sintonizan las antenas y captan los puntos débiles de sus posibles víctimas.

Su carga agresiva es considerable y cuesta mucho trabajo manejarla para que les beneficie. Si el tipo Aries, también gobernado por Marte, irrumpe instintivamente con vehemencia y sin programas previos, el nativo de Escorpio, en cambio, reprime y alimenta una carga que, cuando explota, tiene que encontrar una satisfacción adecuada.

El que es agresivo en el fondo se defiende. Se trata de una ley válida incluso para ellos. Cuanto mayor es su vulnerabilidad interior, más propensos son a atacar al prójimo. El tipo Escorpio equilibrado es una persona estupenda que se ha realizado en parte a sí mismo y que no teme al prójimo. No lo parece, pero es muy fácil herirle con una frase o un detalle olvidado: nada se le escapa y todo deja una marca.

Exasperados individualistas y desenfrenados experimentadores, no sacan provecho de las experiencias de los demás. No se niegan nunca la posibilidad de vivir a fondo sus penas y alegrías. Los nervios de acero los ayudan a pasar las duras pruebas de la vida y cada vez están a punto para volver a empezar. Tienen momentos negativos en los que nada ni nadie puede ayudar a levantarlos; es necesario quemarse (¿recuerdan al Ave Fénix?) y tocar fondo para poder remontar el vuelo y volver a formar parte del mundo.

Son extraños, fascinantes, peligrosos y... frágiles. Su fragilidad se encuentra en el hecho de ser humanos, en la necesidad de amor. Ponen duramente a prueba a todos aquellos que se atreven a amarles. Pequeñas provocaciones, grandes, un poco sádicas... valoran hasta dónde se puede llegar y luego empujan más allá porque quien los ama tiene que superarse a sí mismo e inmolarse por amor. Entonces saben ceder, dan espacio al masoquismo y de nuevo resultan sorprendentes porque son capaces de un transformismo diabólico. Les gusta ser distintos del resto del mundo. Su mirada lo dice todo: «Yo no soy como tú» o «No soy como piensas». Esta es la primera señal clara. Y luego están los silencios y las pausas administradas con sabiduría. El misterio es fascinante. No desvelarse del todo es un poder que cautiva y ellos son muy hábiles en eso. Odian la superficialidad y rechazan los formalismos. Por la curiosidad o el amor a la verdad están dispuestos a pagar grandes cifras en términos de compromiso personal. Mercurio está exaltado en este signo: el intelecto es brillante, analítico, intuitivo.

Si consiguieran ganar, no ceder a esa maldita tentación de destruir, su existencia sería mucho más fácil. La destrucción se produce por el mero gusto de hacerlo, a pesar de sí mismos y del trabajo que les ha costado todo: un amor, una amistad, una carrera... Para los Escorpio, supone una fuerte tentación. ¿Paradójico? ¿Inexplicable? Las hipótesis podrían ser muchas, pero la primera que viene a la mente es que el hecho de alcanzar una meta puede asustarlos. La meta... el fin... la muerte. Llegar a la conquista es un poco como morir, y la muerte está dentro de ellos, con el miedo al lado. Ponerse en juego es volver a vivir.

El niño Escorpio

Criar a niños nativos de Escorpio es una experiencia muy laboriosa.

Es importante que los padres desarrollen su papel con naturalidad, pero sin ignorar los conocimientos que aportan la psicología y el psicoanálisis infantil, que pueden ayudarles mucho en la tarea educativa. Por lo tanto, el amor es un alimento muy importante; pero no lo es todo, especialmente para los pequeños Escorpio, que tienen una naturaleza bastante compleja, huraños y voluntariosos como muy pocos.

Tienen un sentido de la realidad muy desarrollado y, en consecuencia, son jueces despiadados que no desdeñan las críticas y las consiguientes rebeliones. Primero, la incoherencia los desconcierta y luego los desmotiva para creer en los padres. Intuir las debilidades ajenas es una de sus capacidades y aprovecharse sin pudor de ellas es una consecuencia lícita. Tienen la necesidad esencial de crecer amando a sus padres, los cuales tienen que saberse imponer con lógica y firmeza e intentando siempre estimular las disposiciones educativas.

Su mirada revela innegablemente la vitalidad intelectiva; sus ojos, que nunca están quietos, intentan ir más allá de la apariencia y revelan inquietudes a veces impensables para su edad. Saben hacerse respetar, se imponen con espontaneidad a sus coetáneos y, si es necesario luchar, no se echan para atrás. Normalmente no tienen un gran número de amistades, sino que prefieren tener un amigo o amiga del alma y desarrollan respecto a ellos grandes celos. Tienen que educarse hacia la socialización: el sistema más sencillo y válido es el de abrir su casa a sus amigos y los suyos para dar oportunidades a los encuentros. No debe privarle de la convivencia con perros, gatos, pajarillos o hámsteres, puesto que la relación afectiva entre animales y niños es muy estimulante y está repleta de enseñanzas básicas para la evolución.

La mujer Escorpio

Si generalizamos, las características que encontramos con más frecuencia en este tipo de mujer son: un cierto aire de misterio, carácter introvertido, indudable encanto innato y tendencia a la negatividad.

Le gusta el misterio y se deleita en administrarlo, incluso en la banalidad de la vida cotidiana. No explica a nadie sus elecciones, no le gusta hablar de sí misma por el gusto de exponerse, no renuncia nunca al análisis y a la búsqueda de motivos. No la oirá decir nunca «por casualidad», sino que siempre busca explicaciones lúcidas y racionales o, si es necesario, más allá de la razón. Fundamentalmente, la falta de superficialidad es uno de sus puntos a favor. Hay personas que creen que se trata de una mujer demasiado complicada, siempre en busca de algo que podría no estar. Ser una mujer Escorpio quiere decir también esto: ir más allá de lo cotidiano y de lo cierto para vivir emociones más intensas. Si se siente frustrada por la mediocridad, existe la posibilidad de que se invente escenarios ideales de vida.

La inquietud es su compañera de infancia y resulta perturbadora incluso después, tanto si trabaja en casa como si preside una reunión de trabajo; no le permite detenerse para disfrutar de las metas alcanzadas y ella misma tampoco lo desea, porque quien se para acaba perdiéndose.

Vive intensamente todo lo que roza su piel; con el paso del tiempo se estructurará mejor y se defenderá. Teme todo aquello que la comprometa visceralmente, pero no renunciaría nunca a ello. También ser madre supone una experiencia estupenda, capaz de provocar impresionantes sensaciones y ocasiones únicas para descubrir aspectos emocionales de sí misma. Si consiguiera no sentirse tan negativa en algunos momentos... sería seguramente una persona más feliz; pero es muy difícil luchar contra uno mismo: a veces es conveniente bajar a los abismos si eso significa salir reforzado de la experiencia.

El hombre Escorpio

Algunos temas constantes de la personalidad del exponente masculino del signo son: búsqueda de lo inusitado, espíritu rebelde y propenso a contradecir siempre a alguien, naturaleza solitaria, y una libido que tiende a manifestarse sobre todo en la esfera sexual-erótica. Corresponde frecuentemente con el tipo descrito por Barbault a propósito de la analogía existente entre el signo y la fase anal y el relativo sentido psicoanalítico. El autor francés lo describe magistralmente como *tipo anal relajado* con las características, entre otras, de negligencia, fantasía creadora, anarquía y predominio de los instintos. El hombre Escorpio seguramente está formado por un poco de todo lo anterior. Es difícil que conceda la llave de acceso a su intimidad; se trata de individuos un poco especiales, que corresponden instintivamente de alguna manera con su ser interior. No se fía de las apariencias ni de las personas demasiado distintas que él; se siente poseedor de una gran intuición y una agudeza poco común y sólo mantiene relaciones equilibradas. No tiene ni tiempo ni paciencia para quien no sabe hablar de forma estimulante e inteligente.

Todo despierta su curiosidad y nunca está satisfecho con lo que consigue conocer; cuando tiene que rendirse lo hace con rabia, pues le gustaría poder vivir tres vidas en una sola y de esta forma saciar, por lo menos en parte, la avidez de conocer, descubrir y experimentar.

Su rabia es considerable porque son muchas las experiencias imposibles... Me acuerdo de Alberto, un querido Escorpio puro: ha escrito una novela sobre la búsqueda de los símbolos masculinos y femeninos, en la que elucubra sobre las sensaciones que pueden sentirse en el ser femenino, fuente de vida. El hombre Escorpio pertenece al agua, que es negativa y femenina. El empuje agresivo-erótico-sexual es el medio de que dispone el macho Escorpio para reunirse con lo femenino y llegar a su posesión.

La amistad

Quien tiene un amigo tiene un tesoro. Quien tiene un amigo Escorpio tiene un tesoro, sí, pero difícil de mantener. Como espléndidas joyas imposibles de revender.

En definitiva, los amigos Escorpio no son fáciles; cuantos más años pasan, más se acentúan las dificultades. Ante todo, sólo le considerará un amigo válido si usted se le parece y si piensa lo mismo que ellos de las cosas importantes. Nunca le seguirán en empresas que ellos consideren odiosas sólo por amistad. Olvídese de ir a ver la película que tanto le gusta a usted si a él no le agrada. No le impedirá que vaya, pero él no se interesará para nada en ella.

¿Y entonces qué clase de amigos son? No hay duda, dan lo mejor de sí mismos si les demuestra que realmente lo necesita. Su apoyo moral y psicológico es muy eficaz. Le conocen a fondo, más de lo que se imagina, y es posible que se quede desconcertado al oírles mencionar sus defectos y sus virtudes escondidas. Con el tiempo, el amigo Escorpio ha catalogado sus puntos débiles y sus potenciales positivos; le estimulará para que profundice en sus mejores cualidades para recuperarle. Si lo que necesita es una ayuda económica no se echará atrás: pero, para él, usted tiene que ser importante. Los Escorpio odian sentirse explotados, y prefieren sentirse malos que burlados.

Tanto a los hombres como a las mujeres de este signo no les gusta tener muchos amigos: mejor pocos pero buenos.

No se trata de personas que echen en cara un favor, pero no lo olvidan nunca; si se les presenta la ocasión, quieren que se haga lo mismo por ellos. Si la relación de amistad acaba mal, puede esperarse algún acto de venganza, seguramente sutil y eficaz.

Evolución

Me vienen a la cabeza las palabras de un maestro gnóstico: «Es necesario que uno mismo muera para encontrar el camino», y pienso en el egoísmo de Escorpio, en la lucha que estos seres tienen que mantener contra ellos mismos para evolucionar. No es fácil recorrer el camino, superar los obstáculos que cubren el propio proceso de individualización.

Saber renunciar al sutil placer de la venganza sería positivo... pero qué difícil es este trabajo para un verdadero Escorpio. En la astrología kármica, Escorpio es uno de los signos más relacionados con el pasado, más sujetos a las leyes del karma. Este término filosófico-religioso indio señala que el resultado de nuestras acciones determina un renacimiento diverso en la escala de los seres. Es un sinónimo del destino, puesto que representa las consecuencias inevitables de lo que hemos hecho en las vidas anteriores.

Los nativos de Escorpio se sienten, incluso sin ser a veces conscientes de ello, en vilo entre tendencias opuestas que están relacionadas con el mundo real y con un mundo invisible. Por esta razón son racionales, críticos y brillantes y, al mismo tiempo, fuertemente intuitivos y dotados de potentes capacidades extrasensoriales. Si escogen realizarse, se vuelcan con cuerpo y alma y se convierten en poderosos maestros de sí mismos.

La dicotomía se pone de manifiesto incluso en la naturaleza de los dos planetas que gobiernan Escorpio: Marte y Plutón. Los instintos de Marte presionan para obtener una satisfacción inmediata, todo tiene el objetivo de obtener placer; la afirmación de sí es prepotente y la energía agresiva, eficaz. Por contra, tenemos a Plutón, dios de las metamorfosis y patrón absoluto de la fuerza regeneradora, que precisa tributos de muerte simbólica, la renuncia a los defectos kármicos; de él se obtiene la fuerza y la energía para proseguir el camino evolutivo.

Si se interpreta en clave psicoanalítica el signo, se ponen de manifiesto otras pruebas que pertenecen a la temática de Escorpio y que tienen que superarse. La primera de todas es la tendencia a la destrucción. Se trata de una especie de automatismo de repetición que los lleva reproducir el proceso eliminatorio-excretor de la fase anal durante toda su vida, mediante la transferencia de la energía negativa del periodo sobre objetos y afectos que vendrán luego.

A menudo tiene lugar un proceso de sublimación de los instintos que permite un desahogo lícito de las pulsiones sádico-destructivas; normalmente, esto sucede sin que los sujetos tengan conciencia de la desviación o, mejor, del crecimiento de las pulsiones. Mediante prácticas de análisis introspectivo es posible ser conscientes de lo que sucede y sentirse un poco más ricos, más integrados por nuestras partes instintivas ensalzadas.

La esfera erótico-sexual, que absorbe y dirige tanta energía en los típicos Escorpio, es un óptimo terreno de transmutación.

El nativo de Escorpio tiene que pasar cuentas con el ímpetu de sus pasiones si quiere gestionar mejor su existencia. Ser esclavo de ellas significa ir de cabeza hacia una serie de errores que lo llevarán a utilizar de la peor forma posible su potencial, hasta llegar a la autodestrucción o la negación del respeto ajeno.

En el fondo, los Escorpio son seres privilegiados, puesto que disponen de la capacidad de sublimar sus numerosos defectos psicológicos mediante la transformación de estos en pepitas de oro durante su evolución personal.

La casa

Una casa expresa siempre la personalidad de quien vive en ella: desde la elección arquitectónica, a los complementos y la decoración. Es bastante fácil reconocer la casa de un típico Escorpio; en primer lugar, si se trata de una casa propia, habrá otorgado una importancia primaria a los materiales: poco llamativa, pero de gran calidad; su aspecto exterior resulta bastante sobrio y, en conjunto, no parece demasiado una gran casa y está proyectada para tener distintos espacios.

En el interior abunda la madera, no clara, preferiblemente el nogal, la caoba y la teca de color rojo oscuro. La combinación de los colores resulta inquietante, así como la elección de tapetes o cortinas, que no deja dudas sobre la originalidad de la persona que los ha escogido. Desafíe a cualquiera que tenga elementos Escorpio en el propio tema natal a que no utilice el color negro; la combinación de este color con otros opuestos es una fuente de gran satisfacción para estos tipos, a quienes les gusta todo lo que es poco usual y se adapta bien a sus gustos. Las paredes azul violeta y rosa pálido combinadas con los montantes del mismo tono no dejan de suscitar comentarios por parte de los que entran en mi casa la primera vez. Y la enorme librería, toda negra y repleta de libros, destaca en la pared. ¿La elección de cuadros, grabados, fotografías, marcos? Si los Escorpio no se sienten inhibidos en sus gustos, algo improbable, hacen como yo: escoger todo lo que me gusta en los contenidos por lo que representa para mí, sin prestar atención a si ese grabado podría suscitar en el salón sobresaltos emotivos en los visitantes...

Es fundamental para todos los nativos de este signo el disponer de un espacio personal: un escritorio, con la librería cerca y una lámpara o una pálida y cálida luz. Mejor todavía si se tiene una vieja mecedora de madera, desde la cual poder escuchar el exuberante violín de Paganini.

Las aficiones y los viajes

Casi todo lo que los Escorpio empiezan por afición acaba convirtiéndose en un compromiso más serio. ¿Les gusta restaurar muebles antiguos? Buscarán espacios adecuados (el sótano, la buhardilla, un viejo laboratorio) y, provistos de todo lo que necesitan, no querrán que nadie les moleste.

Se sienten atraídos por todo lo que se puede coleccionar: sellos, mariposas, monedas, objetos de anticuario y, por qué no, suculentas plantas difíciles de encontrar.

No son volubles, y no abandonarán fácilmente todo lo que sabe captar su interés. La búsqueda es en sí estimulante y su característica tenacidad se combina con el espíritu del coleccionista.

Una de sus grandes pasiones-aficiones está representada por la lectura. Los géneros son variados, pero en la librería de los Escorpio encontramos a menudo libros clásicos del género de terror y suspense (E. A. Poe no puede faltar), novelas policiacas de autores conocidos y, según el nivel de interés, un *manual para conocerse mejor* o textos especializados de psicología y psicoanálisis. No falta tampoco algún libro de esoterismo y astrología.

En materia de viajes, los Escorpio no son nada fáciles. Para ellos, un viaje tiene que ser una experiencia que los enriquezca interiormente, los transforme y los estimule.

Regalos, colores y perfumes

Es necesario escoger con cuidado un regalo para Escorpio o podemos arriesgarnos, como se suele decir, a quedar un poco mal. Despiadadamente críticos, no aceptan cualquier cosa con benevolencia, sino que existe un motivo preciso, aunque no se trata de maldad o mala educación. Sólo pretenden de los demás lo que ellos mismos harían en términos de atención y compromiso. No adivinar qué desean supone una expresión de desinterés hacia su persona porque el regalo no merece la más mínima consideración. ¿Les gusta la música clásica? Son perfectos todos los grandes.

Los libros se agradecen siempre, sobre todo si no son frívolos.

Para él también están muy indicados los accesorios de piel como carteras; estatuas representando búhos, lechuzas y gatos (estos son regalos también válidos para ella). Los perfumes son también adecuados para ambos, siempre que sean de marca y nunca dulzones. Por el contrario, el perfume es a menudo un accesorio indispensable para la mujer: se le asocian las esencias de brezo y el perfume de áloe.

Entre las piedras que más combinan con ellos, la tradición nos indica la amatista y el topacio, pero puede estar seguro de que agradecerá un diamante.

En los accesorios de vestuario puede atreverse tranquilamente con el rojo, color de Marte, el burdeos y el negro.

Estudios y profesión

Estudios ideales

Los nativos de este signo se encuentran entre los más decididos para escoger estudios; esto se debe a que desde la educación primaria, y todavía más desde la secundaria, quedan bien claras sus aptitudes y sus intereses predominantes.

A partir de las tendencias dominantes (lucidez, análisis-síntesis, intuición crítica), se abren camino las orientaciones de tipo médico-científico, de experimentación e investigación, la especulación filosófica, la crítica aplicada a distintos sectores, los estudios y los análisis de la psique.

Deben intentar esforzarse también en las asignaturas que les interesan menos, puesto que tienden a dar el máximo en aquello en que sienten implicados, mientras abandonan decididamente el resto. No son estudiantes modelo, con un rendimiento constante; ante todo, viven simpatías y antipatías instintivas hacia los profesores, y el aprovechamiento de la clase también está muy relacionado con este factor. Sus progresos están muy sometidos a variaciones, con periodos buenos y otros malos. Sin embargo, disponen de una capacidad intelectiva que los sitúa entre las más brillantes, lo que les permite recuperaciones clamorosas cuando otros en su situación cojearían inexorablemente. Cuentan sobre todo con su propia inteligencia: es muy difícil encontrar nativos de Escorpio poco inteligentes.

Son siempre los primeros en protestar en la escuela y a los profesores si algo no va bien y es conveniente escuchar sus críticas porque difícilmente se equivocan. Además, tienen el coraje de subvertir y luchar para mejorar los sistemas didácticos y las instituciones.

Salidas profesionales

No siempre las salidas profesionales son la consecuencia lógica de los estudios realizados, pero esto sucede casi siempre cuando la orientación de estos es precisa.

Son muchos los nativos que estudian medicina y luego se especializan en cirugía. Marte y Plutón están en analogía con los aparatos quirúrgicos y la disección (en los casos de anatomía patológica); los instintos sádicos inconscientes encuentran una sublimación ideal y su sangre fría innata hace que a menudo se sitúen entre los mejores del sector. La capacidad inmediata de análisis y síntesis a la hora de valorar las situaciones en los casos de emergencia resulta esencial cuando se trata, por ejemplo, de tomar decisiones vitales y resolutivas durante una intervención. Si no se han presentado oportunidades de proseguir los estudios, nos encontraremos con las mismas pulsiones que manifiesta el carnicero que secciona o corta con sus afilados cuchillos.

Si ha estudiado filosofía y psicología, la orientación profesional podría ser muy bien del tipo psicoterapéutico-psicoanalítico y psicosomático. También en estos sectores, los Escorpio pueden ejercer de la mejor forma posible sus aptitudes innatas y situarse entre los profesionales más acreditados. Todo esto sin esfuerzo, puesto que se adapta perfectamente a su naturaleza desarrollar un papel de *analistas del alma* y buscar los símbolos de unión entre la mente y el cuerpo. Se benefician de su potencia intuitiva, que siempre constituye una ayuda válida en estas profesiones, y de su magnetismo personal, que puede jugar roles polémicos en la transferencia, pero que siempre resultan estimulantes.

Por la dificultad de encontrar empleo posteriormente, son más raras las elecciones laborales aplicadas a la geología y a la espeleología, pero se sitúan siempre entre las más válidas, en analogía con las excavaciones, el hecho de llegar hasta el fondo y la búsqueda. También la arqueología encaja con el espíritu de Escorpio.

Entre el resto de posibilidades de salida profesional se adaptan, sin duda, algunas actividades más relacionadas con la normalidad y lo cotidiano, pero que no por ello resultan menos gratificantes si se eligen sinceramente: vendedor de seguros, comisario de policía, notario, investigador privado, experto en criminología, agente inmobiliario y abogado. También las profesiones relacionadas con el misterio y con el esoterismo encuentran entre los Escorpio un séquito bastante importante, pues en su naturaleza la componente extrasensorial e intuitiva es muy fuerte. Se acercan a la astrología para encontrar un camino que les permita saber más sobre sí mismos y sobre los demás y para aprovechar la oportunidad de gestionar, en un cierto sentido, el futuro, al anticipar la calidad de los acontecimientos.

Sea cual sea la actividad escogida, estos tipos invierten grandes energías en la realización personal. No existe para ellos una receta válida sobre cómo triunfar en la profesión: saben que son poco diplomáticos, que son radicales en las elecciones y en los juicios, que pueden desairar a aquellos que no creen que estén a su altura, sobre todo desde el punto de vista intelectual... y saben de entrada que todo esto no les ayudará a triunfar con facilidad. Pero nada sería más inútil que aconsejarles que cambiaran, pues se reirían en su cara y a continuación su expresión sería la del que piensa: «Lo conseguiré de todos modos». Y yo creo que tienen razón.

Dinero

No hay nada que los nativos de Escorpio consideren definitivo en su existencia y también la consideración del dinero sigue el mismo criterio: si se tiene, mejor, pero podría no tenerse y entonces... sería otra historia. A diferencia de Tauro y Capricornio, a los que les gusta acumularlo para adquirir seguridad, Escorpio se siente libre de gastar el dinero sin ningún sentimiento de culpa. Esto muestra que muy a menudo los Escorpio le niegan al dinero, por lo menos en gran parte, el poder que indudablemente se le reconoce en nuestra sociedad. El psicoanálisis ha aclarado desde hace tiempo que el dinero es para el adulto lo que constituyen las heces para el bebé en el estadio anal: un medio para detentar el poder e imponer su voluntad en el entorno. Ya hemos dicho que la tipología Escorpio se define como de tipo anal-relajado, es decir, que tiende a desembarazarse de las heces-dinero; sin embargo, existe cierta ambivalencia, que se manifiesta cuando este tipo quiere rebelarse y rechaza a las personas y a las situaciones. Entonces tiende al estreñimiento: se convierte en un tacaño, y de esta forma pone de manifiesto toda su insatisfacción interior. Aparte de los episodios límite, que pueden suceder de forma casual y alternarse con otros, los Escorpio mantienen normalmente una relación con el dinero que tiende a evitar el derroche, ya que consideran que se trata de una postura poco inteligente. Si deciden hacerlo fructificar, saben realizar buenas inversiones, aunque algo arriesgadas. Su concepto de moralidad es muy subjetivo, por lo que no desprecian utilizar métodos no del todo ortodoxos para abrirse camino en el mundo de las finanzas.

La acumulación de dinero no es el interés principal de un verdadero Escorpio, y aunque lo consiga, puede que lo lance todo por la borda para conseguir otras metas y aventuras.

El amor

La mujer Escorpio

Es precisamente en el amor donde este tipo de mujer sabe dar lo peor y lo mejor de sí misma. Conquistarla no es una empresa fácil, ni tampoco mantener una relación duradera con ella. Por mucho que haya podido desilusionarse durante su existencia, espera una unión mágica y tiene problemas para conformarse con algo menos. Si es necesario, es capaz de luchar para que el vínculo sea más fuerte, más estimulante, más tranquilizante... más todo. Sabe dar mucho y no ahorra ni la más mínima energía, y espera lo mismo del otro.

Una historia de amor con una mujer Escorpio puede ser una experiencia inolvidable; en algunos momentos nos podremos sentir como limones exprimidos y es verdad que si no somos pasionales es difícil mantener este ritmo durante mucho tiempo. Un hombre superficial, que no quiere complicaciones, escaparía rápidamente de la red de los tormentos, de los dramas y de los celos que inevitablemente ella sabe tejer. Estas atmósferas constituyen el clima adecuado, la escenografía necesaria para conducir las emociones del sentimiento amoroso a la máxima expresión posible en la relación sexual. Desde aquí, la mujer Escorpio parte hacia un viaje sensual a través del cual intenta encontrar su alma, descubrirse a sí misma... Se trata de la magia sexual, en la que no existe compromiso para gozar: es necesario desvestirse del todo, saber conceder sin inhibiciones ni falsos pudores, seguros de no perderse pero también de saber reencontrarse.

¿Cómo negar el gran encanto de un ser que sabe vivir y comprometerse a estos niveles emocionales?

Tiende a no compartir sus pensamientos. Da siempre la sensación de haberlo dicho todo, pero dejando algo... Sí, sintoniza con usted, pero se va un momento antes... Y quedan las ganas de seguirla, de saber qué otra cosa tiene en la cabeza. ¿No es seductora, estimulante, fascinante?

Ha llegado el momento de hablar de defectos; como todo ser de naturaleza compleja e inquieta, la mujer Escorpio tiene muchos en lo referente al amor, ante todo los celos, que pueden dejarla ciega ante la realidad más evidente. Su ofuscada mente puede convertirla en mala, despiadada, victimista, amenazante... en otras palabras, en alguien imposible de tratar. Es esencial que su pareja sea fiel, de otro modo no se hablará más de amor, sino de guerra hasta la última gota de sangre.

El sentimiento de posesión es muy destacado, y puede llegar a asumir la naturaleza del otro con el paso del tiempo. Sin duda, se trata de los riesgos que corre un hombre bastante débil, el cual, embrujado al principio por su seguridad y capacidad de decisión, se encuentra con que luego sucumbe completamente, con gran insatisfacción propia y de la mujer Escorpio.

Su ideal es seguramente un hombre pasional, intelectualmente agudo y brillante, dotado del encanto suficiente para interesarla durante toda la vida y capaz también de mostrar dedicación y dulzura. Alguien que sepa sorprenderla, despertar su curiosidad y que no haga que se sienta nunca *acabada*, ni siquiera después de diez años de convivencia y una prole de tres hijos...

El hombre Escorpio

Se trata de un hombre con un fuerte magnetismo personal, un encanto indiscutible que emana incluso de la mirada viva, penetrante y a menudo tenebrosa, siempre capaz de causar inquietud entre sus interlocutores.

En el tema de las conquistas amorosas, cada Escorpio es un experto. Está sometido a las pasiones fulminantes; le suceden esos encuentros que desencadenan luego historias de amor inolvidables. Y esto pasa porque enseguida capta la esencia de la persona que lo atrae y no pierde el tiempo que muchos hombres necesitan para aclarar sus sentimientos. Lleva a cabo rápidamente un cortejo intenso, un círculo que se cierra alrededor de la presa elegida. Para que todo se desarrolle de forma satisfactoria ella tiene que aceptar el juego y ha de saber controlar la situación con miradas y discursos que se alejen de las fórmulas convencionales y den paso a una experiencia real y completa.

La tradición nos habla de la analogía entre Escorpio y Eros. Pasión y erotismo hacen de este tipo el amante más versátil del Zodiaco. Aunque no se sea nativo de Escorpio, el hecho de tener el ascendente o la Luna o Venus en Escorpio ofrece las mismas capacidades amatorias.

Celoso y posesivo, muy a menudo en equilibrio entre las pulsiones alternativas de sadismo y masoquismo, es un maestro a la hora de hurgar en el alma de su pareja para obtener todo lo que es necesario poner en juego en el encuentro sexual. ¿Un encuentro? A menudo se trata de un desencuentro en el que a la víctima no se le ahorra nada en términos de emociones.

No sabe ser muy dulce, le cuesta exteriorizar sus sentimientos y sólo lo consigue en raros pero intensos momentos.

Poner a prueba a la persona que ama es un requisito obligado para él, durante el cual puede sufrir terriblemente, pues se da cuenta de que se arriesga a perder el objeto de su amor. Puede ser agresivo y cínico y mostrarse frío después del éxtasis amoroso... Todo forma parte de la lucha que mantiene consigo mismo para estar seguro de ser amado y aceptado, incluso en sus peores momentos.

Para superar todos los obstáculos, su compañera ideal no debe sólo amarlo perdidamente, sino que sobre todo tiene que ser inteligente y estar dotada de una intuición considerable. Creo que no sabría aceptar nunca a su lado a una mujer que no esté a su altura.

En el amor, este hombre se vuelca completamente, con sus lados positivos y negativos, sin reservas. En su mujer busca a una amante, a una amiga, a una compañera de aventuras, a una cómplice con la que recrear una atmósfera de misterio, una existencia en pareja por la que corre siempre un hilo de entendimiento muy fino. Esto tiene lugar incluso después de años de vida en común; sólo con el tiempo puede haber espacio para una unión similar, resultado de una pasión sembrada mucho antes.

Por lo que se refiere a la lealtad en el amor, no es fácil definir su comportamiento y, sobre todo, aprobar su sentido moral, tan elástico y subjetivo. No acostumbra a traicionar a nadie, pero si esto sucediera, haría cualquier cosa para no dejarse descubrir y proteger de esta forma la unión que realmente desea. El resto... podría definirlas como *experiencias*, sin nada que ver con el verdadero amor.

Relaciones con los demás signos: las parejas

Escorpio - Aries

Es una unión imposible: tienen tendencias y objetivos completamente distintos. ¿Se los imagina en la vida cotidiana? Escorpio quiere tiempo para reflexionar, rechaza el jaleo y le gusta discutir para crear un intercambio, un entendimiento intelectual. Aries actúa antes de pensar; no sabe estarse quieto ni gozar de la calma; prefiere ir a correr y quedar con amigos. Afronta las discusiones de cara y hace de todo una cuestión personal. Además, carece totalmente de autocrítica... El Agua de Escorpio tiende a apagar ardores e impulsividad, a frustrar inevitablemente este tipo de pareja. Los encuentros sexuales son pasionales, un viaje sobre ondas emocionales completamente distintas; el erotismo no estimula al Aries: lo desconcierta.

Escorpio - Tauro

Se trata de una unión satisfactoria desde el punto de vista sexual, ya que Escorpio encuentra en su pareja seguramente disponibilidad y calor. Para el resto de las cosas tengo muchas reservas porque se trata de signos opuestos en el Zodiaco, y por lo tanto complementarios, y el entendimiento se basa en las diferencias, no en las analogías. Los nativos no conviven muy bien con quien es demasiado distinto de ellos, por lo que, antes o después, acabarán por encontrar a los Tauro demasiado gandules, demasiado lentos, poco brillantes en las especulaciones intelectuales... ¿Y cómo conseguirán participar en las incomprensibles, para ellos, crisis interiores de la pareja? Sienten que se les escapa, porque no la entienden, e intentan poseerla en un sentido material limitando su libertad, un error descomunal que activará por reacción los peores instintos de Escorpio.

Escorpio - Géminis

Si existe entre ellos el amor verdadero, pondrán lo mejor de su parte para exaltar los puntos de entendimiento y pasar por encima de los puntos conflictivos. Uno de estos puntos son los celos de Escorpio, que se enfrenta siempre con la conocida y efervescente disponibilidad de Géminis. ¿Se imagina a Géminis teniendo que mortificar su propia vivacidad y el gusto de socializar para no incurrir en iras furiosas y represalias vengativas de Escorpio? Por lo tanto, es necesario mucho amor y espíritu para dejar un poco de lado las tendencias más instintivas y que la unión dure. Por otro lado, esta pareja cuenta con la protección de Mercurio. ¿Le parece poco? Les gusta discutir, son curiosos, cínicos y muy astutos. Cuando su complicidad se une para perjudicar al prójimo... la victoria es segura y verá cómo se ríen de ello...

Escorpio - Cáncer

Los dos son signos de Agua, más inquieto el primero y más soñador el segundo. Tienden a compenetrarse: los dos exponentes de los signos se dejan acosar y poseer. Se trata de un gran encuentro, lleno de entendimientos emotivos. A menudo, Escorpio se vuelve más profundo y todavía más introvertido con Cáncer, que no lo empuja a mostrarse y salir al descubierto. Ambos se protegen del mundo exterior, pero mientras para el tipo Cáncer esta es una elección adecuada, para Escorpio es más controvertida; necesita estímulos alternativos, experiencias y luchas, y a la larga siente que la vida de pareja le ahoga un poco. Si el nativo de Cáncer se esfuerza en entender y participar, todo irá bien; si, en cambio, la actitud es resignada y victimista... Escorpio no se ahorrará la venganza y las incursiones sádicas.

Escorpio - Leo

En esta pareja existe un combate que agita los ánimos, aunque estén enamorados, y que no tarda en hacerse visible: se trata de la lucha por la supremacía. Ninguno de los dos acepta de buen grado el papel de segundo. Leo olvida incluso lo que no debería; Escorpio lo recuerda todo, con su memoria obsesiva. Si otros valores les ayudan a ser más elásticos y anárquicos, todo irá mucho mejor. Se crearán espacios distintos e individuales en los que podrán encauzar la sed de poder. Si se respetan los pactos sin interferencias, podrán disfrutar mutuamente de las virtudes de cada uno: el tipo Escorpio se verá obligado a ser más abierto y optimista, menos sarcástico... Leo ganará en capacidad de autocrítica e introspección.

Escorpio - Virgo

El amor es más auténtico cuanto más irracional. Y esta pareja parece demostrarlo, puesto que, en apariencia, en sus tipologías clásicas no tienen nada que les pueda atraer y garantizar un entendimiento. Pero es preciso destacar que el encuentro, aunque difícil, se realiza siempre entre dos exponentes del signo no tipológicamente puros. Los nativos de Virgo tendrán alguna posible intervención de Venus en Libra o Leo que los ayudará a ser menos críticos y ácidos a la hora de analizar los defectos de la pareja, menos desconfiados y más dispuestos al compromiso amoroso. A Escorpio le puede ir bien su disponibilidad y el hecho de dejarse guiar en las decisiones importantes, pero es difícil que esta pareja funcione realmente; puede ser mejor si ella es Virgo y él Escorpio. De todos modos, es Escorpio quien muestra primero cierta intolerancia.

Escorpio - Libra

Pueden darse mucho el uno al otro siempre que se propongan construir un entendimiento. Si Libra se esfuerza, podrá ser menos frívolo y aprender a buscar, más allá de las apariencias, algo en común con su pareja. Escorpio admira la calma y la capacidad para tratar las situaciones de este tipo, pero debe aceptar el hecho de que tanta firmeza y diplomacia nacen de exigencias limitadas, de críticas contenidas y de escasos compromisos emocionales. Libra odia las palabras fuertes y las discusiones encendidas, que en cambio son la pimienta del amor de Escorpio. Escorpio sabe ofender a muerte y espera una reacción adecuada para iniciar la lucha, encenderse y luego calmarse con amplias satisfacciones erótico-sexuales. Libra no se controla: se indigna y es totalmente incapaz de aguantar esos ritmos. Si es amor verdadero, aprenderán a controlar el aguijón.

Escorpio - Escorpio

Suele funcionar. Ambos son pasionales y están preparados para darse placer a nivel erótico y para alcanzar éxitos sensacionales en el entendimiento emotivo. Son curiosos y capaces de superar las barreras de la rutina diaria. Las intrigas y los peligros están ahí, es natural, pero ellos son brillantes y están atentos y si consiguen alejarse un poco de la pareja sabrán entenderse mejor. Comprenderán que no deben hurgar en heridas demasiado profundas durante sus incursiones de sadismo intelectual; que no es beneficioso, a la larga, analizar completamente a la pareja, sino que deben dejar espacio abierto para que el viento les traiga novedades y sorpresas.

Escorpio - Sagitario

Son muy distintos entre ellos, pero Marte y Júpiter pueden intentar un encuentro; quizá no sea fácil, pero sin duda será una experiencia rica y estimulante. Deberían moderar algunos aspectos excesivos de su temperamento; si se ayudan mutuamente a ver las cosas claras con amor y buena fe... llegarán lejos. Todo resulta mucho más fácil si ella es Escorpio, puesto que el encanto de este hombre dinámico, alegre y siempre a punto para salir y viajar, sabrá arrastrarla, seducirla y hacer que sus celos y su sentido de la posesión parezcan un poco mezquinos. Lo admirará porque es independiente por elección, porque ama con espíritu sincero a los animales y le gusta defender a los más débiles. Creo precisamente que Sagitario ofrece la posibilidad a Escorpio de dejarse ir, de abrirse al fluir de la vida con un poco de optimismo desconocido.

Escorpio - Capricornio

No puede definirse como un encuentro, sino que se trata de una disputa en la que cada uno lucha un poco contra el otro y un poco contra sí mismo. Las dificultades estimulan a ambos y si aparece el amor, nunca se podrá decir que se echen atrás por problemas de carácter. Se trata de una de las uniones más bonitas, pues, con el paso del tiempo, aprenden a estudiarse, a entenderse y a apreciarse. Escorpio conoce la fuerza de carácter de la pareja después de haber intentado dominarla. Guardará su aguijón casi satisfecho, íntimamente convencido de haber encontrado la pareja adecuada. Capricornio cultivará con placer intereses menos materialistas; se harán fuertes frente a cualquier ataque externo. Cada uno sabe que el otro sabría vivir solo: el orgullo es fuerte, el amor muy grande. No se desafían nunca con dejarse... ya que podría no haber vuelta atrás.

Escorpio - Acuario

Lo de esta pareja es un amor que nace en el ámbito de las ideas y, como tales, está destinado a caer y hacerse trizas en los asuntos cotidianos. Después de conseguir a Acuario, imprevisible y excéntrico, Escorpio se queda desilusionado por su pobre respuesta erótico-sexual. Se le tachará de utilizar formas maniaco-sexuales, de no saber gozar de otras cosas en una relación... Pero para Escorpio, si no existe pasión no puede haber amor... Este es el escollo insuperable de esta combinación. Tampoco funciona en el ámbito intelectual: a Acuario le gusta hacer proyectos y elucubrar en los límites de lo real, por el gusto de dejar volar el pensamiento, sin tener en cuenta nada; y Escorpio no lo soporta, lo considera infantil, falto de preparación, utópico e inoperante. Sólo a partir de una relación con una persona masoquista del signo Acuario, consigue Escorpio alguna satisfacción. Pero sería muy poca cosa.

Escorpio - Piscis

Se trata quizá de la unión con más éxito para los dos signos. No existen luchas entre las aguas del pantano y las oceánicas; se compenetran y gozan de la inquietante fertilidad, de los espacios infinitos que les embriagan por la sensación de libertad ilimitada. Si se aman pueden con todo y viven contentos, quizás un amor demasiado exclusivo, que tiende a excluir a cualquier otra persona. Sería conveniente que dejaran un resquicio abierto al mundo exterior... nunca se sabe. Recordamos a los Piscis que, con el tiempo, tendrán que cambiar su papel, que casi siempre es masoquista, porque al Escorpio no le gusta acomodarse, ni siquiera cuando puede hacer, con amplia satisfacción, de tirano durante largos periodos. Se sorprenderá bastante de verse rechazado algunas veces e incluso agredido, pero esto lo estimulará mucho porque le gustan las emociones fuertes. De todos modos se trata de un encuentro mágico y la llave es sólo suya.

Cómo conquistar a Escorpio

A una mujer Escorpio

Nada ni nadie puede inducirla a notar su presencia. Es instintiva, vive las atracciones a flor de piel; si se la quiere sorprender, se debe despertar su curiosidad. La mujer Escorpio no aprecia las galanterías, como los ramos de flores, por lo que es mejor hacerle llegar un libro sobre su signo zodiacal con una dedicatoria que no deje muchas dudas sobre el interés amoroso de quien la escribe. No es a través de los celos como va a conseguir conquistarla para siempre; por el contrario, una de las características que más aprecia, además de una pasional vena erótica, es precisamente la fidelidad. No le esconda que usted es un hombre que busca a la persona adecuada y que sabrá estar a la altura. Si lo que desea es una aventura... sea claro con ella; podría ser lo que ella quisiera.

A un hombre Escorpio

Si es una mujer de aire algo misterioso, inteligente e incapaz de dominar los formalismos... lo atraerá como un imán. Se dará cuenta de que lo ha conquistado por todas las cosas que se mostrará dispuesto a hacer por usted. No le dará tregua. ¿Es usted una mujer complicada? Es lo que desea. Pero lo que sobre todo consigue hechizar a este hombre es la disponibilidad erótica, la posibilidad de alcanzar el apogeo amoroso más audaz con su colaboración. Aprecia infinitamente al que sabe recrear atmósferas misteriosas, hechas de miradas, caricias y pocas palabras. Si lo quiere para siempre, hágale intuir que es su cómplice además de su amante. Sabrá entender que es importante para usted sólo leyéndolo en los ojos; sólo tiene que amarlo de verdad, sin ilusiones ni ficciones.

Cómo romper con Escorpio

Con una mujer Escorpio

Como es fácil de imaginar, no hay una receta exacta. Pero es verdad que existen algunas cosas que esta mujer no podría soportar nunca en el amor, bajo ningún concepto. La primera de todas ellas es la infidelidad; se trata del resorte capaz de desencadenar una reacción esencialmente destructiva. Si por lo tanto ha descubierto, al conocerla mejor, que no le conviene... Basta hacerle creer que es usted un tipo al que le gusta ir de flor en flor y verá cómo se aleja con el desprecio en los labios. Si, en cambio, la relación dura desde hace tiempo, se alejará de usted simplemente al darse cuenta de su desinterés. Sea quizás un poco cruel, pero déjele claro que para usted todo ha terminado. Piense que ella actuaría de la misma forma porque odia las mentiras.

Con un hombre Escorpio

Si es un poco superficial y coqueta lo conseguirá fácilmente, sin muchos esfuerzos. Lo que no podría soportar nunca es sentir que le toma el pelo, pues le odiaría intensamente por ello. Mostrarse ambigua y huidiza es otro medio para desanimar su interés y hacer que se busque otra. Realmente, hay muchos sistemas para hacer que un nativo de Escorpio nos deje pero... ¿para qué crearse un problema que, de hecho, no existe? No se trata de unos tipos pegajosos, de esos que no aflojan aunque continuamente se les desilusione... Es suficiente ser sincera y decirle que se ha terminado o que no le convence mirándole directamente a los ojos. En un verdadero Escorpio tenemos que reconocer mucho orgullo y autoestima, lo que le hace capaz de superar cualquier desilusión; incluso la del desamor.

La salud

Para valorar el estado de salud de cada individuo es necesario analizar el tema natal completo; hay que establecer, examinando el Sol, el ascendente, la Luna y las casas 6 y 12, cuáles son las patologías más probables.

Con el signo solar podemos referirnos a las predisposiciones patológicas más frecuentes. La tradición astrológica asocia al octavo signo, dominado por Marte y Plutón, los órganos reproductores y los genitales masculinos, los genitales externos femeninos, el colon, el recto, el ano, la uretra, la próstata y el cóccix. Estos pueden ser los llamados órganos *clave* de los Escorpio y se encontrarán más sometidos a desequilibrios cuantos más aspectos inarmónicos se revelen.

En consecuencia, las patologías que pueden surgir con más probabilidad son: infecciones en los órganos genitales y en el canal vaginal, afecciones en el último tramo del intestino, hemorroides, uretritis, prostatitis, fístulas; predisposiciones genéricas en los estados inflamatorios agudos y en los abscesos, por analogía con la influencia de Marte.

Escorpio, como los otros dos signos pertenecientes al elemento Agua, está fácilmente predispuesto a las somatizaciones. Cada emoción intensa reprimida, de rabia, de alegría, de dolor o de vergüenza, que no tenga la posibilidad de manifestarse al exterior puede transformarse en un síntoma. Si escuchamos a nuestro cuerpo, podemos comprendernos más y tenemos la posibilidad de poner remedio a los problemas que pueden surgir. A veces puede ser de gran ayuda la intervención de la medicina psicosomática.

Lo anterior se proyecta en esas fastidiosas formas de vaginismo que atormentan falsamente al sexo femenino del signo de Escorpio y que no encuentran una curación definitiva. Los trastornos en el hombre relacionados con la esfera erótico-sexual nos indican a menudo problemas más o menos conscientes en el sector afectivo-amoroso.

Quiero recordar que Freud dice que curarse de una enfermedad es como corregir un error de pensamiento. El pensamiento equivocado es también el que, al perdurar en el tiempo, se convierte en una actitud que no nos permite desbloquear los estados de tensión emotiva, de seguir el camino del cuerpo para realizar esa unidad psicosomática indispensable para el estado de bienestar y equilibrio. Los tipos Escorpio conocen bien el ansia y la angustia que se presentan periódicamente.

Escorpio teme mostrar su vulnerabilidad y enmascara sus miedos con la impenetrabilidad, pero el ansia aparece como un síntoma revelador y, como tal, se tiene que escuchar e indagar. La angustia de vivir, en general, encuentra las raíces en la complejidad de su ser y paraliza la creatividad si no consigue aclararse y actuar de forma consciente.

Sin embargo, los recursos interiores de estos sujetos son fantásticos y a menudo saben escucharse: se imponen a sí mismos el relax y el autoanálisis, y rechazan la medicina convencional para escoger vías alternativas.

Incluso en la monotonía diaria son fuertes, reaccionan y quieren ser eficientes; nunca se puede decir de ellos que una simple fiebre los obliga a guardar cama.

Un nativo de Escorpio que enferma con frecuencia es un individuo sin duda alguna frustrado e infeliz, que no escucha todo lo que su cuerpo quiere comunicarle.

Ficha del signo

Elemento: Agua

Calidad del signo: fijo, femenino

Planetas dominantes: Marte y Plutón

Longitud en el Zodiaco: de 210 a 240°

Casa zodiacal: octava

Periodo estacional: otoño avanzado

Estrellas fijas: Acrux, Alphecca, Balanza Austral, Balanza Boreal, Unukaihai, Agena, Bungala

Colores: rojo (Marte), negro (Plutón)

Piedras: rubí, topacio

Esencias, perfumes: brezo, áloe

Carta del Tarot: el Diablo

Países, regiones y ciudades: Argelia, Baltimore, Cataluña, Israel, Marruecos, Messina, Milwaukee, Mónaco, Newcastle, Noruega, Nueva Orleans, Queensland septentrional, Valencia, Washington

Analogías: el misterio, la muerte, la regeneración, las cosas escondidas, los dramas, las pasiones, las venganzas, los celos, la curiosidad, la energía, la introspección, el análisis, la medicina, la cirugía, la anatomía, las investigaciones profundas, el psiquismo, la magia

Personajes famosos que pertenecen a este signo

Martín Lutero, teólogo (10 de noviembre de 1483)
Voltaire, filósofo (21 de noviembre de 1694)
María Antonieta, reina de Francia (2 de noviembre de 1755)
Niccolo Paganini, músico (27 de octubre de 1782)
George Eliot, escritora (22 de noviembre de 1819)
Marie Curie, científica (7 de noviembre de 1867)
Trotski, político (26 de octubre de 1879)
Pablo Picasso, pintor (25 de octubre de 1881)
Charles de Gaulle, político (22 de noviembre de 1890)
Luchino Visconti, director (2 de noviembre de 1906)
Katharine Hepburn, actriz (8 de noviembre de 1909)
Burt Lancaster, actriz (2 de noviembre de 1913)
Albert Camus, escritor (7 de noviembre de 1913)
François Mitterrand, político (26 de octubre de 1916)
Indira Gandhi, política (19 de noviembre de 1917)
Richard Burton, actor (10 de noviembre de 1925)
Rock Hudson, actor (17 de noviembre de 1925)
Robert Kennedy, político (20 de noviembre de 1925)
Charles Manson, asesino en serie (12 de noviembre de 1934)
Alain Delon, actor (8 de noviembre de 1935)
Martin Scorsese, director de cine (17 de noviembre de 1942)
Hillary Clinton, política (26 de octubre de 1947)

Carlos de Inglaterra, príncipe de Gales (14 de noviembre de 1948)
Julia Roberts, actriz (28 de octubre de 1967)
Leonardo Di Caprio, actor (11 de noviembre de 1974)

Segunda parte

EL ASCENDENTE

Cómo calcular el ascendente

El ascendente tiene una importancia fundamental entre los factores astrales que caracterizan un horóscopo. El signo en el que se encuentra el ascendente es el que en el momento del nacimiento se levantaba en el horizonte, y cambia según la hora y el lugar en que se produjo.

El ascendente puede definirse como el punto de partida de las posibilidades de desarrollo individual; describe a la persona en sus características más evidentes: el comportamiento, las reacciones instintivas, las tendencias más naturales y manifiestas, e influye también en el aspecto físico. Muy a menudo, el individuo se reconoce más en las características típicas del ascendente que en las del signo solar al que pertenece: esto sucede porque el ascendente es la imagen consciente que tenemos de nosotros mismos y que manifestamos a los demás.

El ascendente, además, al caracterizar la constitución física, proporciona informaciones muy interesantes en el plano de la salud, pues indica los órganos y las partes del cuerpo más sujetas a trastornos y al tipo de estímulos a los que el individuo reacciona más rápidamente.

La presencia de los planetas en conjunción con el ascendente intensifica la personalidad y resalta algunas de las características, que de esta forma adquieren una evidencia particular: por ejemplo, encanto y amabilidad en el caso de Venus, y agresividad y competitividad en Marte.

Cálculo del ascendente

Los datos necesarios para calcular el ascendente son los siguientes: fecha, lugar y hora exacta del nacimiento (en el caso de que no se conozca la hora, se puede pedir en el registro la partida de nacimiento). Se acepta una aproximación de unos 15-20 minutos.

El procedimiento es sencillo, y sólo con algunos cálculos se podrá obtener la posición del ascendente con cierta precisión.

Pongamos un ejemplo con un nacimiento que tuvo lugar en Burgos, el 15 de junio de 1970 a las 17 h 30 min (hora oficial).

1. La primera operación que se debe hacer siempre será consultar la tabla de la pág. 65 para ver si en ese momento había alguna alteración horaria con respecto a la hora de Greenwich (que es la referencia horaria mundial y el meridiano patrón para España). En el caso de este ejemplo, había una diferencia de una hora y por ello es necesario restar una hora de la hora de nacimiento. Por lo tanto, tendremos: 17 h 30 min – 1 h (huso horario) = 16 h 30 min.

En cambio, en el caso de no haber horario de verano, no se deberá restar nada; pero si hay dos horas de diferencia con la hora oficial, entonces habrá que restarlas.

2. El resultado que se obtiene se suma a la hora sideral, que se puede localizar en la tabla de la pág. 72.

La hora sideral para la fecha que hemos tomado como ejemplo es 17 h 31 min; por lo tanto: 16 h 30 min + 17 h 31 min = 33 h 61 min. Pero este resultado precisa una corrección: de hecho, es necesario recordar que estamos realizando operaciones sexagesimales (es decir, estamos sumando horas, minutos y segundos).

Los minutos no pueden superar los 60, que es el número de minutos que hay en una hora. Por ello, el resultado se tiene que modificar transportando estos 60 minutos a la izquierda, transformándolos en 1 hora y dejando invariable el número de minutos restantes. Corregido de esta forma, el resultado original de 33 h 61 min se ha convertido en 34 h 1 min.

3. A continuación, para llegar hasta la determinación exacta del tiempo sideral de nacimiento, es necesario sumar al resultado obtenido la longitud traducida en tiempo relativa al lugar de nacimiento. La tabla de la pág. 69 proporciona la longitud en tiempo de las principales ciudades españolas: En el caso de Burgos, que es la ciudad del ejemplo, tenemos que restar 14 min 49 s. Podemos quitar los segundos para facilitar el procedimiento, ya que no altera prácticamente el resultado.

Para poder restar los minutos, debemos transformar una hora en minutos. Quedará así: 34 h 01 min = 33 h 61 min; 33 h 61 min − 14 min = 33 h 47 min.

Puesto que el resultado supera las 24 horas que tiene un día, es necesario restar 24.

Finalmente quedará así: 33 h 47 min − 24 h = 9 h 47 min, que indica el tiempo sideral de nacimiento.

4. Después de obtener, finalmente, este dato, sólo tendremos que consultar la tabla de la pág. 64 para descubrir en qué signo se encuentra el ascendente: en el caso que hemos tomado como ejemplo, el ascendente se encuentra en el signo de Escorpio.

Para resumir el procedimiento que hay que seguir, lo presentamos en este esquema, que puede ser útil para realizar el cálculo del propio ascendente.

```
........   −   HORA DE NACIMIENTO   −
1.00       =   1 HORA DE HUSO  = (en caso necesario hay que restar 2 horas)
........   +   HORA DE GREENWICH  +
........   =   HORA SIDERAL (tabla de la pág. 72) =

........   +   RESULTADO  +
........   =   LONGITUD EN TIEMPO
               (tabla de la pág. 69)  =

........       TIEMPO SIDERAL DE NACIMIENTO

TIEMPO SIDERAL DE NACIMIENTO = ................................
ASCENDENTE (tabla en esta página) = ................................
```

N.B. Al hacer los cálculos, hay que recordar siempre que se debe verificar que los minutos no superen los 60 y las horas las 24, y realizar las oportunas correcciones, como muestra el ejemplo. También se pueden efectuar estas al final del cálculo todas juntas.

BUSQUE AQUÍ SU ASCENDENTE

de 0.35' a 3.17'	ascendente en Leo
de 3.18' a 6.00'	ascendente en Virgo
de 6.01' a 8.43'	ascendente en Libra
de 8.44' a 11.25'	ascendente en Escorpio
de 11.26' a 13.53'	ascendente en Sagitario
de 13.54' a 15.43'	ascendente en Capricornio
de 15.44' a 17.00'	ascendente en Acuario
de 17.01' a 18.00'	ascendente en Piscis
de 18.01' a 18.59'	ascendente en Aries
de 19.00' a 20.17'	ascendente en Tauro
de 20.18' a 22.08'	ascendente en Géminis
de 22.09' a 0.34'	ascendente en Cáncer

CAMBIOS HORARIOS EN ESPAÑA

Se resta 1 h a los nacidos en:

• 1918, entre el 15 de abril a las 23.00 h y el 6 de octubre a las 00.00 h.

• 1919, entre el 6 de abril a las 23.00 h y el 6 de octubre a las 00.00 h.

No se suma ni se resta nada a los nacidos entre 1920 y 1923.

Se resta 1 h a los nacidos en:

• 1924, entre el 16 de abril a las 23.00 h y el 4 de octubre a las 00.00 h.

No se suma ni se resta nada a los nacidos en el año 1925.

Se resta 1 h a los nacidos en:

• 1926, entre el 17 de abril a las 23.00 h y el 2 de octubre a las 00.00 h.

• 1927, entre el 9 de abril a las 23.00 h y el 1 de octubre a las 00.00 h.

• 1928, entre el 14 de abril a las 23.00 h y el 6 de octubre a las 00.00 h.

• 1929, entre el 20 de abril a las 23.00 h y el 6 de octubre a las 00.00 h.

No se suma ni se resta nada a los nacidos entre 1930 y 1936.

Se resta 1 h a los nacidos en:

• 1937, zona republicana, entre el 16 de junio a las 23.00 h y el 6 de octubre a las 00.00 h; zona nacional, entre el 22 de mayo a las 23.00 h y el 2 de octubre a las 00.00 h.

• 1938, zona republicana, entre el 2 de abril a las 23.00 h y el 30 de abril a las 23.00 h.

Se restan 2 h a los nacidos en:

• 1938, zona republicana, entre el 30 de abril a las 23.00 h y el 2 de octubre a las 00.00 h.

Se resta 1 h a los nacidos en:

• 1938, zona republicana, entre el 2 de octubre a las 00.00 h y el 31 de diciembre a las 00.00 h.

Se resta 1 h a los nacidos en:

• 1938, zona republicana, entre el 26 de marzo y el 1 de octubre a las 00.00 h.

• 1939, zona republicana, entre el 1 de enero y el 1 de abril; zona nacional, entre el 15 de abril a las 23.00 h y el 7 de octubre a las 00.00 h.

• 1940, entre el 16 de marzo a las 23.00 h y el 31 de diciembre a las 00.00 h.

Se resta 1 h a los nacidos en 1941.

Se resta 1 h a los nacidos en:

• 1942, entre el 1 de enero y el 2 de mayo a las 23.00 h.

Se restan 2 h a los nacidos en:

• 1942, entre el 2 de mayo a las 23.00 h y el 1 de septiembre a las 00.00 h.

• 1943, entre el 17 de abril a las 23.00 h y el 2 de octubre a las 00.00 h.

• 1944, entre el 17 de abril a las 23.00 h y el 1 de octubre a la 1.00 h.

• 1945, entre el 14 de abril a las 23.00 h y el 30 de septiembre a la 1.00 h.

• 1946, entre el 13 de abril a las 23.00 h y el 28 de septiembre a las 00.00 h.

• 1949, entre el 30 de abril a las 23.00 h y el 2 de octubre a la 1.00 h.

Se resta 1 h a los nacidos en fechas que no se han citado anteriormente entre los años 1942 y 1949.

Se resta 1 h a los nacidos entre 1950 y 1973.

Se restan 2 h a los nacidos en:

- 1974, entre el 13 de abril a las 23.00 h y el 6 de octubre a la 1.00 h.

- 1975, entre el 12 de abril a las 23.00 h y el 4 de octubre a las 00.00 h.

- 1976, entre el 27 de marzo a las 23.00 h y el 25 de septiembre a las 00.00 h.

- 1977, entre el 2 de abril a las 23.00 h y el 24 de septiembre a las 00.00 h.

- 1978, entre el 2 de abril a las 2.00 h y el 30 de septiembre a las 3.00 h.

- 1979, entre el 1 de abril a las 2.00 h y el 30 de septiembre a las 3.00 h.

- 1980, entre el 6 de abril a las 2.00 h y el 26 de septiembre a las 2.00 h.

- 1981, entre el 29 de marzo a las 2.00 h y el 27 de septiembre a las 3.00 h.

- 1982, entre el 29 de marzo a las 2.00 h y el 27 de septiembre a las 2.00 h.

- 1983, entre el 27 de marzo a las 2.00 h y el 25 de septiembre a las 2.00 h.

- 1984, entre el 24 de marzo a las 2.00 h y el 30 de septiembre a las 3.00 h.

- 1985, entre el 31 de marzo a las 2.00 h y el 29 de septiembre a las 3.00 h.

- 1986, entre el 29 de marzo a las 2.00 h y el 27 de septiembre a las 3.00 h.

- 1987, entre el 29 de marzo a las 2.00 h y el 27 de septiembre a las 3.00 h.

- 1988, entre el 27 de marzo a las 2.00 h y el 25 de septiembre a las 3.00 h.

- 1989, entre el 26 de marzo a las 2.00 h y el 24 de septiembre a las 3.00 h.

- 1990, entre el 25 de marzo a las 2.00 h y el 29 de septiembre a las 3.00 h.

- 1991, entre el 24 de marzo a las 2.00 h y el 29 de septiembre a las 3.00 h.
- 1992, entre el 29 de marzo a las 2.00 h y el 27 de septiembre a las 3.00 h.
- 1993, entre el 28 de marzo a las 2.00 h y el 26 de septiembre a las 3.00 h.
- 1994, entre el 27 de marzo a las 2.00 h y el 25 de septiembre a las 3.00 h.
- 1995, entre el 26 de marzo a las 2.00 h y el 24 de septiembre a las 3.00 h.
- 1996, entre el 24 de marzo a las 2.00 h y el 27 de octubre a las 3.00 h.
- 1997, entre el 30 de marzo a las 2.00 h y el 26 de octubre a las 3.00 h.
- 1998, entre el 29 de marzo a las 2.00 h y el 25 de octubre a las 3.00 h.
- 1999, entre el 27 de marzo a las 2.00 h y el 30 de octubre a las 3.00 h.
- 2000, entre el 26 de marzo a las 2.00 h y el 29 de octubre a las 3.00 h.
- 2001, entre el 25 de marzo a las 2.00 h y el 28 de octubre a las 3.00 h.
- 2002, entre el 31 de marzo a las 2.00 h y el 27 de octubre a las 3.00 h.
- 2003, entre el 30 de marzo a las 2.00 h y el 26 de octubre a las 3.00 h.
- 2004, entre el 28 de marzo a las 2.00 h y el 31 de octubre a las 3.00 h.
- 2005, entre el 27 de marzo a las 2.00 h y el 30 de octubre a las 3.00 h.
- 2006, entre el 26 de marzo a las 2.00 h y el 29 de octubre a las 3.00 h.
- 2007, entre el 25 de marzo a las 2.00 h y el 28 de octubre a las 3.00 h.
- 2008, entre el 30 de marzo a las 2.00 h y el 26 de octubre a las 3.00 h.
- 2009, entre el 29 de marzo a las 2.00 h y el 25 de octubre a las 3.00 h.
- 2010, entre el 28 de marzo a las 2.00 h y el 31 de octubre a las 3.00 h.
- 2011, entre el 27 de marzo a las 2.00 h y el 30 de octubre a las 3.00 h.

Se resta 1 h a los nacidos entre 1974 y 1990 en las fechas que no figuran entre las anteriores.

Tabla de Coordenadas
de las Principales Ciudades de España

Ciudad	Latitud	Longitud
A CORUÑA	43° 23'	− 33' 34"
ALBACETE	39° 00'	− 7' 25"
ALCUDIA	39° 52'	+ 11' 36"
ALGECIRAS	36° 09'	− 21' 52"
ALICANTE	38° 20'	− 1' 56"
ALMERÍA	36° 50'	− 9' 52"
ÁVILA	40° 39'	− 18' 47"
BADAJOZ	38° 53'	− 27' 53"
BARCELONA	41° 23'	+ 8' 44"
BILBAO	43° 15'	− 11' 42"
BURGOS	42° 20'	− 14' 49"
CÁCERES	39° 28'	− 25' 29"
CADAQUÉS	42° 17'	+ 13' 08"
CÁDIZ	36° 32'	− 25' 11"
CALATAYUD	41° 20'	− 6' 40"
CARTAGENA	37° 38'	− 3' 55"
CASTELLÓN	39° 50'	− 0' 09"
CIUDAD REAL	38° 59'	− 15' 43"
CIUDAD ROGRIGO	40° 36'	− 26' 08"
CÓRDOBA	37° 53'	− 19' 07"
CUENCA	40° 04'	− 8' 32"
ÉIBAR	43° 11'	− 11' 52"
ELCHE	38° 15'	− 2' 48"
FRAGA	41° 32'	− 1' 24"
FUERTEVENTURA	28° 30'	− 56' 00"

Ciudad	Latitud	Longitud
GERONA	41° 59'	+ 11' 18"
GIJÓN	43° 32'	− 22' 48"
GOMERA	28° 10'	− 1 h 08' 20"
GRANADA	37° 11'	− 14' 24"
GUADALAJARA	40° 38'	− 12' 39"
HIERRO	27° 57'	− 1 h' 44"
HUELVA	37° 16'	− 27' 47"
HUESCA	42° 08'	− 1' 38"
IBIZA	38° 54'	+ 5' 44"
JAÉN	37° 46'	− 15' 09"
LA PALMA	25° 40'	− 1 h 11' 20"
LANZAROTE	29° 00'	− 54' 40"
LAS PALMAS G. C.	28° 06'	− 1 h 01' 40"
LEÓN	42° 36'	− 22' 16"
LÉRIDA	41° 37'	+ 2' 30"
LINARES	38° 06'	− 14' 32"
LOGROÑO	42° 28'	− 9' 47"
LORCA	37° 41'	− 6' 48"
LUGO	43° 01'	− 30' 14"
MADRID	40° 24'	− 14' 44"
MAHÓN	39° 50'	+ 17' 12"
MÁLAGA	36° 43'	− 17' 41"
MANACOR	39° 34'	+ 12' 53"
MANRESA	41° 44'	+ 7' 20"
MARBELLA	36° 30'	− 19' 36"
MIERES	43° 15'	− 23' 04"
MURCIA	37° 59'	− 4' 31"

Ciudad	Latitud	Longitud
ORENSE	42° 20'	– 31' 27"
OVIEDO	43° 22'	– 23' 22"
PALENCIA	42° 00'	– 18' 08"
P. MALLORCA	39° 34'	+ 10' 36"
PAMPLONA	42° 49'	– 6' 36"
PLASENCIA	40° 03'	– 24' 32"
PONFERRADA	42° 33'	– 26' 20"
PONTEVEDRA	42° 26'	– 34' 36"
SALAMANCA	40° 57'	– 22' 40"
SAN SEBASTIÁN	43° 19'	– 7' 56"
STA. CRUZ DE TENERIFE	28° 28'	– 1 h 5' 57"
SANTIAGO DE COMP.	42° 52'	– 34' 12"
SANTANDER	43° 28'	– 15' 13"
SEGOVIA	40° 57'	– 16' 30"
SEVILLA	37° 23'	– 23' 58"
SORIA	41° 46'	– 9' 52"
TARRAGONA	41° 07'	+ 5' 02"
TERUEL	40° 20'	– 4' 26"
TOLEDO	39° 51'	– 16' 05"
TORTOSA	40° 49'	+ 2' 04"
TUDELA	42° 04'	– 6' 24"
VALENCIA	39° 28'	– 1' 30"
VALLADOLID	41° 39'	– 18' 53"
VIELLA	42° 42'	+ 3' 16"
VIGO	42° 18'	– 34' 44"
VITORIA	42° 51'	– 10' 42"
ZAMORA	41° 30'	– 23' 01"
ZARAGOZA	41° 34'	– 3' 31"

TABLA PARA LA BÚSQUEDA DE LA HORA SIDERAL

Día	En.	Feb.	Mar.	Abr.	May.	Jun.	Jul.	Ag.	Sept.	Oct.	Nov.	Dic.
1	6.36	8.38	10.33	12.36	14.33	16.36	18.34	20.37	22.39	0.37	2.39	4.38
2	6.40	8.42	10.37	12.40	14.37	16.40	18.38	20.41	22.43	0.41	2.43	4.42
3	6.44	8.46	10.40	12.44	14.41	16.43	18.42	20.45	22.47	0.45	2.47	4.46
4	6.48	8.50	10.44	12.48	14.45	16.47	18.46	20.49	22.51	049	2.51	4.50
5	6.52	8.54	10.48	12.52	14.49	16.51	18.50	20.53	22.55	0.53	2.55	4.54
6	6.56	8.58	10.52	12.55	14.53	16.55	18.54	20.57	22.59	0.57	2.59	4.57
7	7.00	9.02	10.56	12.58	14.57	16.59	18.58	21.00	23.03	1.01	3.03	5.01
8	7.04	9.06	11.00	13.02	15.01	17.03	19.02	21.04	23.07	1.05	3.07	5.05
9	7.08	9.10	11.04	13.06	15.05	17.07	19.06	21.08	23.11	1.09	3.11	5.09
10	7.12	9.14	11.08	13.10	15.09	17.11	19.10	21.12	23.14	1.13	3.15	5.13
11	7.15	9.18	11.12	13.15	15.13	17.15	19.14	21.16	23.18	1.17	3.19	5.17
12	7.19	9.22	11.16	13.18	15.17	17.19	19.18	21.20	23.22	1.21	3.23	5.21
13	7.23	9.26	11.20	13.22	15.21	17.23	19.22	21.24	23.26	1.25	3.27	5.25
14	7.27	9.30	11.24	13.26	15.24	17.27	19.26	21.28	23.30	1.29	3.31	5.29
15	7.31	9.33	11.28	13.30	15.28	17.31	19.30	21.32	23.34	1.32	3.35	5.33

16	7.35	9.37	11.32	13.34	15.32	17.34	19.34	21.36	23.38	1.36	3.39	5.37
17	7.39	9.41	11.36	13.38	15.36	17.38	19.38	21.40	23.42	1.40	3.43	5.41
18	7.43	9.45	11.40	13.42	15.40	17.42	19.42	21.44	23.46	1.44	3.47	5.45
19	7.47	9.49	11.44	13.46	15.44	17.46	19.46	21.48	23.50	1.48	3.50	5.49
20	7.51	9.53	11.48	13.50	15.48	17.50	19.49	21.52	23.54	1.52	3.54	5.53
21	7.55	9.57	11.52	13.54	15.52	17.54	19.53	21.56	23.58	1.56	3.58	5.57
22	7.59	10.01	11.55	13.58	15.56	17.58	19.57	22.00	0.02	2.00	4.02	6.01
23	8.03	10.05	11.58	14.02	16.00	18.02	20.02	22.04	0.06	2.04	4.06	6.05
24	8.07	10.09	12.02	14.06	16.04	18.06	20.06	22.08	0.10	2.06	4.10	6.09
25	8.11	10.13	12.06	14.10	16.08	18.10	20.10	22.12	0.14	2.12	4.14	6.13
26	8.15	10.17	12.10	14.14	16.12	18.14	20.14	22.16	0.18	2.16	4.18	6.17
27	8.19	10.21	12.14	14.18	16.16	18.18	20.18	22.20	0.23	2.20	4.22	6.21
28	8.23	10.25	12.18	14.22	16.20	18.22	20.22	22.24	0.26	2.24	4.26	6.24
29	8.26	10.29	12.22	14.26	16.24	18.26	20.26	22.27	0.30	2.28	4.30	6.28
30	8.30		12.26	14.29	16.28	18.30	20.30	22.31	0.34	2.32	4.34	6.32
31	8.34		12.30		16.32		20.33	22.35		2.36		6.36

Si usted es Escorpio con ascendente...

Escorpio con ascendente Aries

Los dos signos están gobernados por Marte; en consecuencia, tenemos la exaltación del espíritu luchador, una audacia que puede empujarnos fácilmente hasta la temeridad y un considerable empuje de autoafirmación. Estas analogías dan a las características individuales de los signos posibilidades de compenetrarse y reforzarse. Otros atributos son, en cambio, totalmente contrarios y crearán contradicciones y alguna dificultad de carácter. Los individuos con esta combinación se encuentran en una encrucijada entre el impulso de actuar antes de reflexionar (tendencia de Aries) y la exigencia de organizarse con eficacia para no fracasar (tendencia de Escorpio). A menudo optan por la acción a cualquier precio puesto que no saben aplazar las cosas y tienden a ser hiperactivos. Saben ser tan radicales en las elecciones como sencillos a la hora de exponer sus ideas. No son tipos fáciles y no les gustan los compromisos, pero saben darse a una causa con entusiasmo, vitalidad y despiadada eficacia.

Escorpio con ascendente Tauro

Puesto que el Sol cae en la séptima casa zodiacal de estos sujetos, ocurre a menudo que se realizan las mayores inversiones de libido en la esfera de las asociaciones, los matrimonios y las relaciones importantes con el prójimo. Es muy importante para su equilibrio personal que consigan entablar relaciones afectivas o asociativas satisfactorias y gratificantes. El aspecto conflictivo de estas personalidades es la manía de poseer y de absorber a la pareja; en este sentido, tendrían que intentar mejorar para no arriesgarse a deteriorar las relaciones. A menudo tienen predisposiciones artísticas, les gusta disfrutar de la buena mesa y de los placeres de la vida.

Naturalmente, la satisfacción erótico-sexual es de máxima importancia y a menudo se convierte en el eje de su vida afectiva. Están dispuestos a múltiples experiencias para poder encontrar a una pareja capaz de corresponder a su cálido carácter pasional.

Escorpio con ascendente Géminis

Su aguda inteligencia y la predisposición a las funciones mentales de análisis y síntesis con una máxima eficacia son el motivo de orgullo de esta combinación. No saben dejar de pensar, elucubrar, hacer proyectos e idear. Brillantes y extrovertidos, a veces taciturnos y misteriosos, saben ser tipos interesantes como pocos y consiguen atraer a sus redes a todos aquellos que se dejan engañar por su aparente disponibilidad y su brillante elocuencia. La verdad es que son, a causa de su destacado sentido crítico, sujetos bastante difíciles; cabe citar su despiadado sarcasmo y su cinismo, que dejan muy poco espacio a los buenos sentimientos y a la buena fe. Les gusta polemizar sin razón aparente, en ocasiones, sólo por el placer que obtienen poniendo en dificultades al prójimo. Los relaciones afectivas están destinadas a multiplicarse durante su vida: las parejas fracasan a menudo porque agotan sus fuerzas. Estos Escorpio acumulan continuamente tensiones que no consiguen descargar debidamente, con los consiguientes desequilibrios neurovegetativos.

Escorpio con ascendente Cáncer

Se trata de individuos particularmente solitarios, taciturnos y misteriosos, dotados de una riqueza interior inmensa, que no dejan entrever en situaciones normales. Es necesario que nos acepten como parte de su mundo para conseguir conocerlos, entenderlos y apreciarlos. Muy a menudo tienen tendencias artísticas destacadas que exteriorizan durante su tiempo libre pintando cuadros o escribiendo poesías en las que su vena creativa sabe expresar y evocar intensas emociones. Primero dulces y tiernos, después sombríos y testarudos, es necesario tener una naturaleza un poco similar a la suya para conseguir convivir con ellos; sobre todo en el amor necesitan a alguien que se dedique a ellos completamente, en perfecta comunión de cuerpo y de espíritu. A menudo esta combinación hace que los sujetos sean sensibles e intuitivos.

Escorpio con ascendente Leo

Es la combinación más típica que caracteriza las personalidades fuertes, que no saben perder, aquellos que luchan constantemente para sobresalir y alcanzar la autoafirmación. Los altos ideales de Leo encuentran un apoyo adecuado en la tenacidad y la inteligencia de Escorpio, de forma que estos sujetos alcanzan casi siempre las metas que se han prefijado: tanto en el amor como en su carrera. Normalmente escogen una profesión independiente puesto que no toleran que se les limite la libre expresión de sí mismos; son auténticos líderes, dispuestos a afrontar con coraje y decisión incluso la responsabilidad que comporta este papel. Puede gastar grandes energías para alcanzar la realización en la carrera política: la sed de poder es grande y podemos citar al Rey Sol, Mussolini y Napoleón como ejemplos más pretenciosos. Nada los detiene, por lo menos sin que hayan luchado duramente; incluso las conquistas amorosas son batallas que tienen que ganar a cualquier precio, con tenacidad y pasión.

Escorpio con ascendente Virgo

La influencia del signo de Virgo complica posteriormente la naturaleza, ya compleja de por sí, de Escorpio. Son muchas las contradicciones con las que debe convivir y los compromisos consigo mismos le resultan difíciles de aceptar con plenitud y equilibrio.

A las aparentes exigencias de orden y racionalidad se oponen unas fuertes pulsiones interiores de revolución, pasiones e inquietudes que tienen que encontrar una vía de realización. Si en el tema personal predominan los valores de tierra nos encontraremos probablemente con sujetos con vidas menos tortuosas, que tienen metas concretas y que sólo raramente cambian de objetivos. Si los signos de Agua son fuertes, la realización interior se convierte en una necesidad imprescindible para el equilibrio psíquico y físico. A menudo encuentran gratificantes satisfacciones en la escritura.

Escorpio con ascendente Libra

Se trata de individuos de apariencia muy agradable y fino magnetismo. En ellos, los gestos parecen a menudo calculados, el tono de voz es cálido y nunca excitado. Translucen un estado de calma que seguramente no es del todo aparente, pero que muestra, más que otro, el aspecto de una meta interior, a la cual debe llegarse como resultado de un perfecto estado de equilibrio entre ellos mismos y el mundo exterior.

La sociabilidad del ascendente no permite los aislamientos ni las actitudes inconstantes que tanto gustan Escorpio; de esta forma tendremos, con esta combinación, a sujetos bastante contradictorios en las relaciones: demuestran una disponibilidad mucho más aparente que real y espontánea.

Buscan en todo una perfección bastante alejada de la que puede conquistarse en la vida diaria, y por ello son unos eternos insatisfechos. Si el tema individual lo confirma, algunos pueden llegar muy cerca de unas formas de moralidad superior que rozan la sabiduría.

Escorpio con ascendente Escorpio

Como es fácil de imaginar, en esta combinación faltan las medias tintas; equivale a individuos que tienden al exceso y a los que les cuesta aceptar sanos compromisos existenciales.

La inteligencia es muy intuitiva, brillante y audaz en las especulaciones intelectuales. Basta con observarles para tener una clara idea del incesante trabajo de su mente. Su mirada es aguda e indagadora, siempre inconstante al inicio y tensa en el momento de estudiar cualquier movimiento. Son radicales y drásticos en las elecciones y en cada situación, puesto que el Sol está a menudo en conjunción con el ascendente, lo que hace que los riesgos de egocentrismo no le permitan ni siquiera examinar ideas alternativas a las propias.

El amor es su gran pasión. Si Venus se encuentra en otros signos, los suaviza un poco y sabrán ser capaces de una gran dedicación a la pareja, siempre que con ello consigan tenerla en exclusiva y totalmente en su poder.

Escorpio con ascendente Sagitario

El calor de Sagitario es perfecto para calentar la natural reserva de Escorpio. Se encuentran ávidos de experiencias. Actualmente, estos tipos buscan la gratificación y la superación del estrés diario emprendiendo a menudo viajes a países lejanos, en busca de experiencias distintas y culturas bastante diferentes de la nuestra.

Se sienten también atraídos por todo lo que tiene la posibilidad de expandir el estado de conciencia: yoga, meditación, enseñanzas esotéricas.

Son espíritus libres, preparados para sacrificar casi todo en nombre de la libertad de acción y de pensamiento. De apariencia afable y calurosa, están siempre a punto para retraerse y defenderse si captan la intención de los demás de hacerles caer en una trampa o limitarlos. Sobre todo en el amor, buscan las uniones abiertas, que funcionen y dejen la posibilidad de espacios de libertad individual.

Escorpio con ascendente Capricornio

Marte, Plutón y Saturno son los gobernadores de los dos signos en cuestión y queda claro que en estos sujetos faltan rasgos como la sociabilidad y la indulgencia; los sentimentalismos, además, son asuntos desconocidos.

Por otro lado, tienen cualidades fantásticas: son tenaces y serios en los propósitos, tanto como sea necesario para lograr todo lo que se proponen. Son de absoluta confianza desde cualquier punto de vista, puesto que saben hacerse cargo de grandes compromisos y llevarlos a término, cueste lo que cueste. Su sentido de la responsabilidad es grande y lo consume con despiadados sentimientos de culpa si no saben mostrarse a la altura de la situación. Normalmente tienen pocas amistades y no pierden el tiempo con quien no está a su nivel intelectual.

El amor es la válvula de escape de tantas tensiones; si encuentran a la pareja adecuada bajan la guardia y saben entregarse con pasión; este es, para ellos, el reposo del guerrero.

Escorpio con ascendente Acuario

Son a menudo personalidades agitadas y contradictorias. No saben estar tranquilos, buscan siempre algo que hacer o inventar; les gusta discutir, criticar, polemizar. Buscan compañía para embriagarse de proyectos y utopías y luego, en la soledad, lo ponen todo en cuestión, incluso a sí mismos, con ganas de mandar a paseo los sueños y la realidad. La combinación de la extroversión de Escorpio y la imprevisibilidad que le da Urano crea a su alrededor la fama de que son muy excéntricos, imprevisibles, bastante individualistas, a punto para contradecir las reglas y rechazar violentamente cualquier atisbo de conformismo o prejuicio. Fundamentalmente, tienen la necesidad de sentirse rebeldes, distintos de la masa para reconocerse y aceptarse. En efecto, les atrae todo lo particular y por ello cultivan intereses esotéricos: se sienten atraídos, seducidos, por lo paranormal y les gusta la astrología. Viven amores difíciles porque necesitan implicarse intelectualmente... y huyen de ello en busca de abandonos instintivos y pasionales.

Escorpio con ascendente Piscis

El Agua de Piscis hace que la naturaleza de Escorpio sea más moldeable, más soñadora y necesitada de pertenecer a algo o alguien.

Sufren a menudo la soledad interior pero no se conforman con relaciones sociales poco profundas; para ellos es importante sentirse realmente en plena conjunción de espíritu con las personas que frecuentan. Tienen pocos amigos fieles, a los que consiguen transmitir por lo menos una parte de su producción creativa, fruto de la fecunda e inagotable riqueza interior. Es esencial que consigan expresarse manifestando las emociones; por ello suelen pintar y escribir poemas, además de saber música. Aman locamente, hasta alcanzar los límites de la negación individual.

Normalmente caen en los excesos y están sometidos a inmersiones en el inconsciente bastante estimulantes pero peligrosas.

//Tercera parte

PREVISIONES PARA 2019

Previsiones para Escorpio en 2019

Vida amorosa

Enero

Usted sí que, en esto del amor, no se fija en si es invierno o verano, ni en lunas, ni en nada, aunque puede que, por determinadas circunstancias, en la primera quincena del mes su fondo pasional pueda mostrarse contenido; también habrá un tiempo de reflexión por lo que respecta a las relaciones personales.

En la segunda quincena del mes, en cambio se abrirán nuevas perspectivas.

Febrero

Los Escorpio saben distinguir entre amor, ligue y amistad, pero, si en su círculo o fuera de él, alguien les ofrece las tres cosas, les abrirá una puerta a todas sus locuras. Se iniciará una época en la que se les abrirán grandes perspectivas en su vida sentimental, y que se prolongarán durante gran parte del año, tanto si ya tienen una relación como si buscan o quieren más, cualquiera que sea su edad y tendencia.

Con lo exagerados que llegan a ser cuando les va bien, muchos Escorpio lo querrán todo.

Marzo

Este será un mes crucial. Durante la primera semana tendrá la oportunidad de que todo se entienda con pocas palabras; por el contrario, en relaciones ocasionales debe cuidarse de situaciones que no domina, lo que afectará más a los nacidos en los últimos días del signo, por su inclinación a sufrir decepciones.

Si tiene o consigue la persona adecuada, sentirá un poderoso empuje que dará sentido a su vida y que permitirá que otros sueños puedan hacerse realidad.

Abril

Llega el tiempo de tratar puntos concretos para dar una forma más definida y predecible a su relación de pareja o a cualquier otra relación sentimental. Deje hablar a la otra persona. Esto le permitirá, durante el resto del mes, realizar antiguos e insistentes deseos con aquello que su pareja le pueda aportar; a ella le sucederá lo mismo. No hay que marear tanto la perdiz.

Mayo

Mayo es su mes más desfavorable, por lo que no conviene forzar las cosas, ya que, a veces, usted puede ser su propio enemigo en aquello que más desea. Al avanzar el mes, muchos aspectos quedarán claros y, si quiere mantener su relación amorosa, deberá atenerse a lo que hay. Aun siguiendo con esta, quizá retome otra relación sentimental en la que el voltaje no será tan elevado; tal vez sea como probar dos marcas de una misma bebida para sentir la diferencia. En la última parte del mes, su sexualidad irrumpirá con fuerza, y no querrá sentirse contrariado por trabas que pudiese haber. Esa magia para el romance desaparecerá en la primera semana de junio, pero volverá en septiembre y durará hasta fin de año.

Junio

Será un mes más movido de lo habitual y deberá tocar muchas teclas. Al desaparecer la magia, habrá menos preámbulos y pasará de un comportamiento sensual y emotivo a una actitud más abierta y exigente. El mes será propicio tanto para los nuevos frentes de conquista como para los ya habituales, vaya solo o con algún colega con quien congenie. También los asuntos románticos o eróticos podrían suponer desplazamientos o viajes, e incluso podrían originarse a partir de estos.

Julio

Julio será otro mes de ocupaciones diversas, pero en el que, si así lo desea, podrá combinarlo todo. Hacia el primer fin de semana, podría darse una situación complicada con la pareja o en alguno de los ambientes que frecuenta. Las oportunidades de romances serán más probables que se produzcan en su círculo social y en lugares públicos, en fiestas y celebraciones. Si va en pareja, se mostrará servicial y obsequioso y su pareja también lo estará con usted. Hacia final de mes tomará decisiones personales que afectarán a su forma de encarar las relaciones.

Agosto

Tanto si va en pareja de vacaciones como si realiza salidas ocasionales, será un mes muy positivo. Después de la primera semana, Marte y Venus formarán una poderosa alianza para el resto del mes. Si busca nuevas relaciones sentimentales, hacia los días 16 y 17, tiene la posibilidad de que aparezca una persona que despierte la pasión que hay en su interior. Esto hará que bien acepte el reto o bien abandone, porque tal vez usted ya tenga pareja, lo que puede dejar el flechazo en *stand by*. En algunos Escorpio hay cierta tendencia a tener relaciones al margen de su pareja, lo que implicará que deban resolverlas a través de llamadas telefónicas.

Septiembre

Los amores de verano durarán hasta el día 8. Después, se iniciará la época más intensa del año en lo que a romances, conquistas y sexo se refiere, ya que Marte y Venus seguirán juntos, pero... ¡en su signo! Marte permanecerá en su signo hasta fin de mes y Venus, durante todo el trimestre. Reaparecerá el factor suerte en estas lides, como ya ocurrió el pasado invierno. A pesar de esta acentuada tendencia, o a causa de ello, reaparecerá en su vida una relación de siempre, con la que no necesitará más explicaciones puesto que ambos ya conocen sus respectivas intenciones.

Octubre

No dejará de estar en su mes más bajo, en el que tiene que realizar una recarga energética, por lo que no es raro que pase por momentos que ya conoce: a veces ligón, a veces abstemio de amores o, incluso, anacoreta. Tal vez, a partir del segundo fin de semana, tienda más a relativizar y encontrar «peros» en su vida afectiva, especialmente si se avecina un compromiso más formal con alguien que le obligue a cambiar de actitud. Con su comportamiento del último fin de semana, demostrará cuál será la actitud que prevalecerá, ya que el Sol entra en su signo, lo que indica el inicio de un nuevo año personal y una mayor lucidez.

Noviembre

Su nuevo año en el amor estará bastante condicionado por el hecho de comprometerse o seguir por libre. Las dos opciones son más que probables, ya que forman parte de su talante. La cuestión no sólo será la estrategia de cómo llevarlas a la práctica, sino también aplicarlas en otros sentidos más amplios y complejos que se plantean cuando dos personas adquieren compromisos mutuos. Como el mes tiende a irregularidades generales, deberá esperarlas también en el terreno de las citas, los viajes, etc.

Diciembre

El desarrollo de una relación discreta, o pasajera, continuará hasta fin de año. Si luego sigue, habrá que ver cuáles serán las variantes a partir de ese momento. Si, simultáneamente, sigue con una relación estable, al avanzar el mes verá que aumentará el miedo que le da verse envuelto en un compromiso, sobre todo si empiezan a surgir planes conjuntos. Sigue la magia y la fortuna en todo tipo de lances, aunque deberá tener cuidado, durante esta época, con los embarazos imprevistos; no obstante, si son deseados, nada mejor puede sucederle en este intenso año en los asuntos del corazón, pero, claro, habrá que ver si será favorable o no.

Para la mujer Escorpio

En años anteriores puede que haya habido decepciones o melodías interrumpidas que hayan dejado una resistencia a la expresión de sentimientos profundos, pero este año llega para solucionarlo y para mostrarle las dimensiones más sutiles y elevadas que tanto necesita. Si se producen, se tomará con calma las supuestas interrupciones y cambios de política, e incluso le servirán de estímulo porque, en su opinión, si conseguir a alguien no cuesta esfuerzo, entonces, no tiene ningún valor.

Para el hombre Escorpio

Le cuesta abrirse de buenas a primeras, por lo que regula su caudal emotivo según le dicta su intuición. Todo esto persistirá, pero un nuevo ingrediente se incorporará este año a la «ensalada mixta» de su historia sentimental y se dará cuenta de que era eso lo que le faltaba. No habrá peligro si aparece una relación que lo atrape, porque, en muchos momentos, seguirá con los pies en la tierra. El hombre Escorpio tiene fama de llevar a la otra persona del infierno al paraíso y viceversa.

Salud

Primer trimestre

Por lo general, si dispone de buena salud, no será un trimestre temible, aunque puede verse involucrado en problemas de su entorno, familiar o profesional, que pueden ponerle trabas u obligaciones morales, incluso si se trata de hermanos o colegas que considera como tales. Durante seis meses, Marte estará en una posición que predispone a los problemas de espalda o columna, lesiones posturales y alteraciones cardiovasculares; todos ellos son probables hacia finales de enero, momento en el que, tal vez, se sienta vitalmente bajo, aunque pueda mejorar, si vigila sus defensas. Algo más de cuidado deberían tener los nacidos en los últimos días del signo, porque pueden descubrirse trastornos en ciernes.

Marzo será un buen mes para emprender cualquier estrategia de mejora: la eliminación de sustancias tóxicas, el abandono de vicios, el cuidado de la vista, los pies y la función renal, si son propensos a padecer trastornos de este tipo, así como el lumbago o las dolencias suprarrenales, que pueden persistir. Si tiene un día a día regular, tratará de encontrar tiempo para normalizar sus horas de sueño y poder aprovechar que, últimamente, experimenta más tendencia a los sueños y las fantasías.

Segundo trimestre

Con el comienzo de la primavera, iniciará su mes de salud, ya que todo indica que puede confiar en ella, a pesar de que tendrá propensión a los excesos, especialmente, durante la primera parte del mes de abril, en que la factura puede correr a cuenta de su hígado.

Habrá que evitar los catarros y los problemas de garganta que, si son intensos, puede que los arrastre durante todo este periodo, en el cual también será conveniente tratar posibles problemas dentales, para morder bien el duro queso de la vida.

Como existe un movimiento planetario contrario a su signo, se sentirá un poco bronco o malhumorado, por lo que es posible que salte a la mínima. Desde el 7 de junio hasta finales de julio, Marte, su planeta, estará en una buena conjunción por lo que respecta a su salud, si bien le afectará el estado de otras personas cercanas, lo que le permitirá valorar la importancia de estar sano y la necesidad de cuidarse, aunque pueda padecer algunos trastornos pasajeros de diversa índole.

Tercer trimestre

El ámbito de la salud podrá verse afectado por dos hechos de importancia durante este verano, tanto a nivel personal como dentro de su entorno. También puede suceder que su salud sea puesta a prueba, ya sea por esfuerzos o porque frecuente climas no habituales para usted, a consecuencia de viajes o del regreso a su lugar de origen, por lo que, como mínimo, pueden darse diarreas, trastornos intestinales y mareos.

En septiembre continuará protegido contra males mayores, pero, a medida que avance el mes, cuando entre en el último ciclo antes de su cumpleaños, es posible que tenga que pasar por el «taller de reparaciones»: motor, cambio de aceite y, ya que está, chapa y pintura, puesto que todo parece indicar que será un otoño caliente en el terreno sentimental, ya sea joven o mayor, y usted tiene el suficiente orgullo para que no lo vean como una oferta o un producto de segunda mano en mal estado. Se inclinará también por el cuidado personal, con perfumes que estén en consonancia con su nueva imagen.

Cuarto trimestre

Continuando con su periodo del año bajo en energía, durante gran parte del mes de octubre puede que aparezcan dolencias propias de su signo: problemas en los órganos genitales y urinarios, en el recto, en la próstata o en la nariz, por lo que se le aconseja un chequeo completo, ya que se encuentra en un buen momento para tratarlos y mantenerlos bajo control.

Después de la primera semana de noviembre, verá resultados positivos en el caso de tener cualquier dolencia. Esto le animará a seguir adelante y a conseguir una cierta regularidad, que le ayudará en la velocidad de crucero que tomará en otros frentes. Debe estar alerta con su sistema hepático, ya que su estado nervioso o una alimentación o medicación inadecuadas le pueden repercutir.

En los días próximos a las fiestas navideñas, debe tener cuidado con su vena autodestructiva, ya que, en una semana, puede romper el equilibrio del que gozaba o que tanto le costó alcanzar.

Economía y vida laboral

Primer trimestre

Como nacido bajo el signo de Marte, Escorpio se siente realizado y es capaz de grandes logros, además de estar mentalizado a la idea de que todo se consigue con esfuerzo, por lo que, durante el año, no le faltarán ocupaciones, y más durante el verano, momento en el que Marte se encuentra en su sector profesional, bajo el orgulloso y competitivo signo de Leo, por lo que se podrá marcar diferentes objetivos y persistir en ellos.

Este invierno no tendrá muchos problemas: algunos pueden venir a través de colegas o gente cercana a su labor o especialidad, a través de enemigos, lo que le obligará a calcular muy bien todos sus movimientos.

Ya entrada la mitad del mes de enero, el factor suerte estará más a su favor de lo que es habitual, y lo notará en sus tareas habituales o complementarias, en los estudios y en su capacidad y creatividad. Durante marzo se entregará a tareas suplementarias o encargos especiales, si trabaja por libre, aunque quizás, en algunos casos, se exija discreción y dar con la gente adecuada. Antes de Pascua, posiblemente, finalizará una etapa y pasará a otra.

Segundo trimestre

A partir de la primavera entrará en su sector astral que rige el ámbito laboral pero, después de Pascua, es más probable que tenga problemas de ajustes de precios y presupuestos, si ofrece servicios, o algunas contrariedades ocasionadas por otras personas y sus exigencias. Todo esto puede despertar su parte más obsesiva y obstinada, si ve que vale la pena, ya que posiblemente puedan irle bien otras fuentes de recursos, aunque, esta vez, tendrán más facilidades los nacidos en la segunda quincena del signo.

Para algunos Escorpio las relaciones de las que pueden sacar provecho vuelven a ser muy importantes y, más aún, después de la primera semana de junio, por lo que podrán ampliar tanto este círculo de relaciones como el de oportunidades, en las que habrá un factor sorpresa que parece que podrá resolverles bastante la papeleta en su trabajo; es posible que se trate de maquinaria o algún tipo de equipamiento con el que mejorarían también la capacidad de innovar. Para otros será un tipo de trabajo completamente distinto que, de emprenderlo, les obligará a reflexionar sobre cómo compaginarlo con otras áreas de su vida.

Tercer trimestre

A pesar del eclipse del día 11, que más bien puede estar ligado a su vida particular y familiar y, en algunos Escorpio, a temas de vivienda, verá que mucho de lo que se propuso culminará con éxito, sin que por eso haya tenido que pasar por peripecias y dificultades económicas ocasionadas por la coyuntura.

Con el final de julio, culminará algún proyecto y, para muchos, significará el distanciamiento o el adiós a personas y colegas que, hasta ese momento, les acompañaron, aunque también es de prever que alguien les juegue una mala pasada, aún peor si actuaron con honestidad y de buena fe.

No está muy claro que este mes lo dedique al trabajo, a no ser que su principal actividad laboral o algún proyecto ocasional le obligue a ello, pero, aun así, tratará de mantener el contacto, si tiene asuntos entre manos que requieran su intervención, o estará alerta por si pueden peligrar sus intereses.

La última parte de agosto y los primeros días de septiembre serán muy buenos para cerrar tratos y aceptar nuevos compromisos. Si se da el caso, puede que tenga que cubrir una ausencia o que herede trabajos iniciados por otros, tendencia que llegará hasta finales de octubre. El factor suerte continuará hasta finales de año, aunque se dé en situaciones casuales o que no se puedan precisar del todo, lo cual producirá altibajos en sus proyectos o nuevas orientaciones sobre la marcha, si su trabajo es de índole creativa.

Cuarto trimestre

Noviembre es su mes más bajo en vitalidad pero, como es habitual en usted, sacará fuerzas renovadas si hay que cumplir con algo o si se enfrenta a alguna adversidad. Sea discreto con la gente que lo rodea, porque nunca se sabe las vueltas que da la vida. El rencor y el sentido de revancha no conducen a nada; se le presentarán signos claros de que la vida le ofrece contrapartidas a medida que desaparezca ese resentimiento.

Ya entrado noviembre se sentirá más libre de presiones y su situación económica irá a mejor, a pesar de contratiempos o de gastos que sus actividades le exijan. Durante gran parte del mes, puede verse ligado a contratos, cuestiones jurídicas o problemas de cobros. Mejor será la situación para los nacidos en los últimos días del signo, que se enfrentarán a una dificultad no resuelta hace tiempo o que surgió durante el año, o a una complicación puntual.

Con la Luna nueva del día 5 se afianzará su posición y resolverá un problema relacionado con su labor profesional o con su entorno de la mejor manera posible. La economía todavía continuará con altibajos, pero verá que el año acabará mejor que cuando empezó, si su mayor deseo era la mejora de las condiciones laborales en circunstancias tan cambiantes y conflictivas. Nochevieja caerá con la Luna en su signo, aunque las oportunidades en el trabajo no le faltarán en el 2020.

Vida familiar

Primer trimestre

Una situación relacionada con la familia o el vecindario, con el tráfico o con algún trámite jurídico, y que proviene del pasado otoño o que surgió en las pasadas fiestas navideñas, incluso en enero de 2019, incidirá en su hogar. Durante los dos primeros meses del año, los asuntos del hogar y, si es el caso, de su comunidad o localidad ocuparán toda su atención; de no hacerlo, se verá obligado a ello.

Comienza un buen ciclo para todo lo relacionado con los hijos: tener descendencia, ocuparse más de ellos, llegar a un acuerdo en caso de régimen de visitas o custodia compartida de los hijos con una pareja anterior...

Puede que tenga que hacer frente a algunas emergencias entre febrero y marzo, que tengan que ver con aparatos electrodomésticos, averías o que, simplemente, se plantee una reorganización de su vivienda para conseguir más espacio o para darle otro aire. Para algunos Escorpio, empieza la época en que, por un motivo u otro, deberán ausentarse de casa o que, por sus obligaciones, no podrán dedicarle el tiempo que acostumbran al hogar, al menos mentalmente.

Segundo trimestre

Desde Pascua se producirán diálogos más tensos con su cónyuge o pareja, si discrepan en algún punto o problema y no llegan a acuerdos o si, contrariamente, se trata de dar respuesta a necesidades concretas, planteadas por su cónyuge, que le exigen que se movilice o que suponen para usted algún tipo de cooperación que le requiere tiempo, trámites o gastos.

Durante casi todo el mes de mayo, los asuntos conyugales le preocuparán, si su pareja piensa que no se implica demasiado en el hogar, lo que se podría complicar, si terceras personas intervienen en su vida privada, hecho que podría ocurrir a mediados de mayo.

En la primera semana de junio, dedicará más atención a los suyos y a sus necesidades económicas y afectivas; esto último podría prolongarse algo más. La presión que le suponía la convivencia podrá empezar a remitir hasta nueva orden, aunque el resto del mes se ocupará más de sus asuntos personales y de sus actividades de ocio habituales.

Tercer trimestre

Julio comenzará con novedades de familiares de uno u otro miembro de la pareja, lo que puede originar desplazamientos, una mayor comunicación o, quizás, encuentros con otros miembros de la familia más cercanos. Es posible que se trate de una emergencia causada por un problema de salud. Los asuntos relacionados con la salud serán habituales en esta época del verano y podrán afectar a los familiares más próximos, incluido usted mismo.

En agosto parece que los achaques habituales no le molestarán, aunque debido al clima, le costará mucho hacer esfuerzos que vayan más allá de ciertos límites, si ya no es tan joven, aunque tampoco le gustará estar mucho tiempo sentado. Es cuestión de dosificar las horas que emplea con los compromisos sociales o con los que no son del todo de su agrado; en cambio, con aquellos que le apetezcan, tendrá toda la energía que quiera.

Hacia final de mes y en septiembre, puede que la vuelta a la cotidianidad del hogar le resulte un poco más difícil que volver a su trabajo y a sus otras rutinas. A medida que pase el mes, estará más reservado de lo habitual y, aunque su cónyuge ya lo conoce, no dejará de preocuparse.

Cuarto trimestre

En este proceso un poco extraño que vivirá, no dejará de tener auténticos y expresivos detalles con su pareja, como si aquí no pasara nada, porque en el fondo le gusta tener a alguien a su lado, aunque toda convivencia pase por horas bajas. Parece que se comunicará mejor con los niños; esto le hará ganar puntos ante su pareja.

Noviembre es su mes, y, como cada año, renacerá un poco, lo que será más acusado después del día 8, haya o no cumplido años. Durante gran parte de este mes, los planetas Marte y Venus, que les rigen a usted y a su pareja, se encontrarán en una buena conjunción y les ayudarán a acercar posiciones de una forma más abierta. En diciembre, Venus vuelve a entrar en Escorpio hasta el día de Reyes y, dadas las fechas, no tendrá problemas en volcar su afectividad en los suyos, sobre todo si tiene en cuenta las situaciones sentimentales que les ha tocado vivir este año.

www.ingramcontent.com/pod-product-compliance
Lightning Source LLC
Chambersburg PA
CBHW060207050426
42446CB00013B/3019